Vittorio Tessera

Lambretta Junior 50 100 125

Storia, modelli e documenti - History, models and documentation

GIORGIO NADA EDITORE

Giorgio Nada Editore

Direzione editoriale
Editorial manager
Leonardo Acerbi

Redazione
Editorial
Giorgio Nada Editore

Impaginazione
Layout
Aimone Bolliger

Traduzione
Translation
Neil Davenport

Copertina
Cover
Sansai Zappini

2023 Giorgio Nada Editore

Tutti i diritti riservati
È vietata la riproduzione dell'opera o di parti di essa in qualsiasi forma e con qualsiasi mezzo, compresa stampa, copia fotostatica, memorizzazione elettronica, riproduzione su internet, diffusione on line e qualsiasi altra forma di archiviazione, senza la preventiva autorizzazione scritta da parte di Giorgio Nada Editore Srl.

All rights reserved
The reproduction of this book or any part of it is forbidden in any form and by any means, including print, photocopying, electronic storage, reproduction or distribution online and any other form of archiving without prior written permission from Giorgio Nada Editore Srl

Giorgio Nada Editore s.r.l.
Via Claudio Treves, 15/17
20055 VIMODRONE - MI - Italy
Tel. +39 02 27301126
Fax +39 02 27301454
E-mail: info@giorgionadaeditore.it
www.giorgionadaeditore.it

Allo stesso indirizzo può essere richiesto il catalogo di tutte le opere pubblicate dalla Casa Editrice.
The catalogue of Giorgio Nada Editore publications is available on request at the above address.

Lambretta Junior
ISBN: 978-88-7911-902-3

RINGRAZIAMENTI

Un sentito ringraziamento va al Centro per la Cultura d'Impresa di Milano per la grande disponibilità concessa nel ricercare le immagini Lambretta nel loro vastissimo archivio storico industriale.
Queste immagini provengono dallo studio del Dott. Zabban, fotografo della Innocenti dal 1957 al 1968, che ha gentilmente donato tutto il suo archivio al Centro per la Cultura d'Impresa.

Desidero ringraziare, inoltre, tutte le persone che mi hanno aiutato nella ricerca della documentazione storica e nella stesura di alcuni testi: Dean Orton, Michele Pianigiani, Andy Gillard, Howard Chambers, Mario Negri.

E, per finire, un infinito ringraziamento alla famiglia Innocenti che mi ha sempre sostenuto nella mia opera di ricerca, mi ha dato la possibilità di utilizzare l'archivio storico Innocenti e ha contribuito in maniera sostanziale alla creazione del Museo Scooter&Lambretta

ACKNOWLEDGEMENTS

My sincere thanks go to the Centro per la Cultura d'Impresa in Milan for their invaluable assistance in searching for Lambretta photographs in their vast industrial history archive.
These images are from the studio of Dr. Zabban, Innocenti's in-house photographer between 1957 and 1968, who kindly donated his entire archive to the Centro per la Cultura d'Impresa.

I would also like to thank all those people who helped research into the historical documentation and the drafting of several texts: Dean Orton, Michele Pianigiani, Andy Gillard, Howard Chambers, Mario Negri.

Lastly, my infinite thanks go to the Innocenti family who have always supported me in my research, given me the opportunity to use the Innocenti historical archive and contributed substantially to the creation of the Museo Scooter&Lambretta.

Sommario / Contents

4	Introduzione / *Introduction*	5
10	Progetto e sviluppo serie Junior / *Development and design Junior series*	11
18	Cento / *Cento*	19
26	Junior 125 3 marce / *Junior 125 3 speed*	27
34	Lambretta J 50 / *Lambretta J 50*	35
42	Lambretta 125 J 4 marce / *Lambretta 125 J 4 speed*	43
48	50 De Luxe / *50 De Luxe*	49
54	50 Special / *50 Special*	55
60	Pubblicità / *Advertising*	61
68	J nel mondo / *J in the world*	69
82	Curiosità / *Curiosity*	83
98	Lambretta J 50 prototipo 1961 / *Lambretta J 50 prototype 1961*	99
104	Gli accessori / *Accessories*	105
108	Note sui numeri di telaio e di motore / *Notes on frame and engine number*	109

Introduzione

Nel 1959 in Italia entrò in vigore il nuovo Codice della strada che, tra le tante novità, introdusse il limite di guida per i quattordicenni di motoveicoli fino a 50 cc. Questa importante limitazione spinse molte Case motociclistiche a sviluppare modelli destinati esclusivamente a questo nuovo segmento di mercato.
La prima azienda che intuì la grande potenzialità di questo settore fu la Laverda che già nel 1959 presentò il suo scooter 50 cc.
Era un modello di piccole dimensioni (miniscooter) con motore a 4 tempi e cambio a 2 velocità; purtroppo il progetto non fu indovinato, le prestazioni del motore erano decisamente modeste e il simpatico scooterino non raggiunse mai importanti volumi di vendita.
In ogni caso la piccola Laverda ebbe la forza di lanciare una nuova moda: lo scooter 50 cc per i giovani ragazzi!
Questa interessante iniziativa non passò inosservata alla Innocenti che iniziò anche lei a sviluppare un modello dalle caratteristiche simili.
Già al Salone di Milano del 1961 vennero esposti due esemplari preserie della nuova Lambretta 50, incredibilmente dello stesso colore del Laverda 50.
Anche le proporzioni erano molto simili, abitabilità ridotta, sella singola e piccolo portapacchi posteriore; per il motore lo stesso infelice cambio a 2 marce ma con un motore a 2 tempi con ammissione lamellare.
A quel famoso Salone di Milano del 1961 la piccola Lambretta non portò grande fortuna. Il pubblico rimase alquanto freddo sull'ultima novità Innocenti e perciò il progetto fu momentaneamente sospeso, in attesa di un incremento della domanda in questo nuovo settore dedicato ai giovani quattordicenni.

La pubblicità del Laverda miniscooter del 1959, il primo scooter di 50 cc destinato ai ragazzi quattordicenni
Advertising for the Laverda mini-scooter from 1959, the first 50 cc scooter designed for 14-year-olds.

Al Salone del Ciclo e Motociclo la Innocenti presentò ben 2 Lambretta 50 di diversi colori.
Sotto, questa foto è stata scattata all'interno della fabbrica il 28-9-1961.
È il primo prototipo senza portapacchi e senza i pulsanti per sganciare i cofani.

Innocenti presented two Lambretta 50s in different colours at the Cycle and Motorcycle show. Below, this photo was taken in the factory grounds on 28.09.1961. It shows the first prototype without luggage racks and without the side panel release buttons.

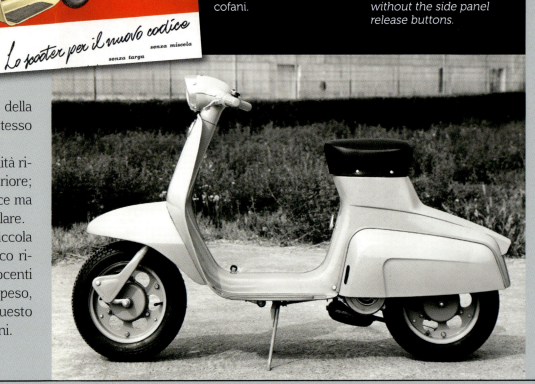

Introduction

Sopra, un baby che ripara una Baby! Un modello molto vicino alla produzione ma con ancora la marmitta e i silent-block verniciati in nero.
A destra, una simpatica testimonial per la Baby
In basso, nel 1964 la catena di montaggio della nuovissima Lambretta "Cento" lavorava a pieno ritmo per accontentare le richieste delle concessionarie sparse in tutto il mondo.

*Above, a baby repairing a Baby! A model very close to the production version, but still with the exhaust and silent blocks painted in black. Right, an attractive face for the Baby.
Right, in 1964, the assembly line for the brand new Lambretta "Cento" was operating at full capacity to satisfy the demand from dealers throughout the world.*

*1959 saw Italy's new Highway Code come into force. Among many other novelties, it introduced the limit of 14 years of age for conducting motor vehicles of up to 50 cc.
This important restriction encouraged many motorcycle manufacturers to develop models destined exclusively for this new market segment.
The first company to recognise the great potential of the sector was Laverda, which presented its 50 cc scooter as early as 1959.
This was a small model (a mini-scooter in fact) with a four-stroke engine and a two-speed gearbox; unfortunately, the design was not well thought-out, the performance of the engine was decidedly modest and the attractive little scooter never achieved significant sales volumes.*

Foto ufficiale della "Cento" ancora in una versione pre produzione. Notare la marmitta che è verniciata di nero, mentre in quelle di serie sarà sempre color alluminio.
A destra, la 125 Junior è stato il primo modello ad avere la sigla J sullo scudo.

An official photo of the "Cento", still in pre-production form. Note the black-painted exhaust, while the production version was always an aluminium silver colour. Right, the 125 Junior was the first model to carry the J initial on the leg shield.

La Piaggio, invece, non si lasciò cogliere di sorpresa e nel 1963 presentò la sua Vespa 50 seguita, pochi mesi dopo, dalla versione di 90 cc.
Fu un evento memorabile perché, da quel momento, lo scooter 50 conquistò il cuore di tanti ragazzi diventando in breve tempo un oggetto di culto che tutti dovevano avere.
A questo punto la Innocenti dovette correre immediatamente ai ripari e cercare anche lei di inserirsi nel nuovo ricco mercato dei giovani scooteristi.
Venne rispolverato il vecchio progetto della 50 del 1961 e si iniziò in fretta e furia a rivedere il tutto prevedendo anche delle versioni di maggior cilindrata.
Rispetto alla Piaggio, la Innocenti preferì iniziare la produzione nel marzo del 1964 con la versione di 100 cc, destinata ai giovani sedicenni.
Per la 50 bisognerà aspettare ottobre, sempre dello stesso anno, per vedere in produzione la Lambretta dei quattordicenni.
In quel periodo la serie Junior poteva contare su ben tre cilindrate disponibili: 50, 100, 125 cc; una gamma completa per ogni esigenza che andava ad arricchire l'offerta Innocenti sul mercato scooteristico internazionale.
Nel 1966 furono introdotte due importanti novità: la 50 '66 con il nuovo telaio rinforzato e la 125 "Stellina" con lo sportivo cambio a 4 marce; nel gennaio

Un'immagine scattata all'interno dello stabilimento, che mostra l'aggiornamento del telaio della 125 4 marce rispetto alla 125 3 marce. Modifica importante perché il telaio della 125 3 marce si era rivelato molto delicato e soggetto a frequenti rotture della parte centrale.

JUNIOR

A sinistra, J 50 nella sua forma definitiva. Si tratta ancora di un prototipo in quanto monta una marmitta non definitiva e manca l'ammortizzatore posteriore.
A destra, il modello '66 con il nuovo telaio rinforzato e lo scudo più stretto per migliorare l'aerodinamica.

Above, the J 50 in definitive form. This was still a prototype, as shown by the non-definitive exhaust and the absence of the rear damper. Right, the '66 model with the new reinforced frame and the narrower leg shield to improve aerodynamics.

A photo taken in the factory showing the updating of the 125 four-speed frame with respect to the 125 three-speed. An important modification as the frame of the 125 3m had proved to be very delicate and subject to frequent failures of the central part.

In any case, the tiny Laverda firm was responsible for launching a new trend: the 50 cc scooter for kids! This interesting initiative did not go unnoticed at Innocenti and the Milan manufacturer also began to develop a model with similar characteristics.
The Milan Motorcycle show of 1961 saw the presentation of two pre-production examples of the new Lambretta 50, incredibly finished in the same colour as the Laverda 50.
The proportions were also very similar, compact with a single saddle and a small rear luggage rack; the engine was couple to the same inadequate two-speed gearbox but the power unit was a two-stroke with a reed valve.
That famous Milan show of 1961 hardly brought good fortune to the little Lambretta. The public remained cool towards Innocenti's latest novelty and the project was therefore momentarily suspended while the firm waited for an increase in demand in this new sector dedicated to 14-year-old newcomers to the scooter world.
Piaggio was instead not taken by surprise and in 1963 presented its Vespa 50, a model followed a few months later by a 90 cc version.
This was a crucial event as from that moment on,

La nuova Lambretta 50 S

Una novità anche nel campo delle « due ruote »: in questi giorni, infatti, entra in produzione la Lambretta 50 S. Questo scooter è una versione migliorata del modello 50 DL, con modifiche che si riferiscono essenzialmente all'estetica, poiché le prestazioni devono essere necessariamente contenute entro i limiti stabiliti dal Codice Stradale.

Le principali differenze che caratterizzano il nuovo 50 S dal 50 DL sono il profilato scudo in alluminio, le manopole nere di maggior diametro per una impugnatura migliore, il tappeto nero su tutta la pedana, il selloncino singolo bicolore con codino di nuova forma, la maniglia di sollevamento situata dietro la sella e la fiancata più filante.

A destra, cartolina di invito per la presentazione alla stampa inglese della Cento, in data 17/3/1964, lo stesso mese d'inizio della produzione in serie.
A sinistra, la 50 Special termina la storia della serie Junior, sarà l'ultima prodotta fino al maggio 1971 con la chiusura della fabbrica.
Sotto, la Super Star Stream era una 125 4 marce destinata all'esportazione e si differenziava dalla normale per il parafango girevole, la mascherina anteriore e la colorazione bicolore.

*Right, an invitation to the British press presentation of the Cento on the 17th of March 1964, the month the model went into mass production.
Left, the Junior series concluded with the 50 Special, the last model to be produced through to May 1971 when the factory closed.
Below, the Super Star Stream was a 125 four-speed destined for export markers and differed from the standard model in the turning mudguard, the front horn casting and the two-tone livery.*

1968 nacque la 50 DeLuxe con le ruote da 10 pollici come la J125 e i fregi ai cofani tipo 150 Special.
L'ultimo modello della serie Junior fu la 50 Special che venne prodotta dall'aprile del 1970 allo stesso mese del 1971, quando la produzione Lambretta fu definitivamente chiusa.
La serie Junior, in tutte le sue varianti, fu un discreto successo della Innocenti ma non riuscì ad essere realmente competitiva contro la Vespa, che con la serie 50-90-125 dominò il mercato scooteristico di questa categoria.
Alcuni difetti strutturali del telaio e un motore non particolarmente brillante furono le cause della modesta diffusione della serie Junior, che comunque rimane un interessante capitolo nella lunga storia motoristica Innocenti e che ora è stata ampiamente rivalutata dai collezionisti Lambretta di tutto il mondo.

JUNIOR

Sotto, con la 50 DeLuxe, la Lambretta 50 perde la denominazione Junior, che rimarrà solo sulla sigla del motore.

Below, with the 50 De Luxe, the Lambretta 50 lost the Junior denomination, which remained only in the engine code.

the 50 cc scooter conquered the hearts of many youngsters, swiftly becoming a cult object desired by all.

At this point, Innocenti had to hustle to make up ground and try to claim a share of the rich market for young scooterists.

The old 50 cc project from 1961 was dusted off and the engineers hurriedly began revising the design, while also working on versions with larger displacements.

Compared with Piaggio, Innocent preferred to begin production in the March of 1964 with the 100 cc version aimed at 16-year-olds.

It was not until the October of that year that the 50 cc Lambretta for 14-year-olds started rolling off the lines.

In that period, the Junior series comprised no less than three displacements: 50, 100 and 125 cc; a complete range for every need that enhanced Innocenti's presence on the international scooter market.

Two important novelties were introduced in 1966: the 50 '66 with the new reinforced frame and the 125 "Stellina" with the sporting four-speed gearbox. January 1968 instead saw the launch of the 50 DeLuxe, fitted with 10" wheels like the J125 and side panel trim like that of the 150 Special.

The last model in the Junior series was the 50 Special that was produced from April 1970 through to the same month in 1971, when Lambretta production was terminated.

The Junior series, in all its variants, was a reasonably success for Innocenti, but it was never really competitive with respect to the Vespa, which with the 50-90-125 series dominated the scooter market in this category.

Certain structural defects with the frame and an engine that was not particularly lively were responsible for the modest sales figures returned by the Junior series, but it was in any case an interesting chapter in Innocenti's long motor vehicle history and the models have now been reassessed by Lambretta collectors around the world.

Progetto e sviluppo serie Junior

Come già detto in precedenza, lo studio e lo sviluppo della nuova serie Junior fu lungo e travagliato.
Il progetto di un modello completamente nuovo che, nelle intenzioni della Innocenti, doveva essere del tutto innovativo, non era certo un gioco da ragazzi! Fortunatamente il centro studi non era più oberato di lavoro per lo sviluppo della serie LI-TV e quindi tutto il personale fu messo al lavoro per realizzare la nuova Lambretta.

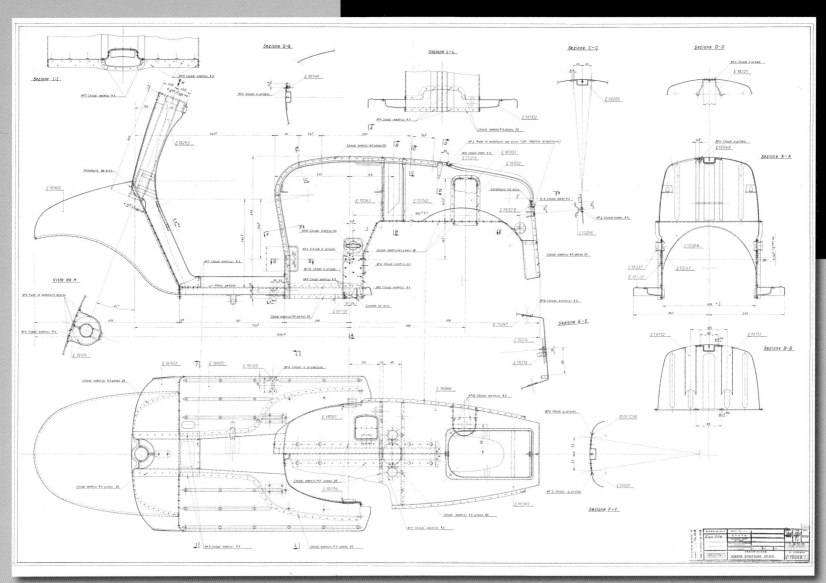

JUNIOR

Development and design Junior series

As mentioned previously, the planning and development of the new Junior series was a long and fraught process.

Then again, the design of an all-new model that Innocenti intended to be highly innovative was never going to be child's play!

Fortunately, the design centre was no longer swamped with the development of the LI-TV series and the entire staff could be put to work to create the new Lambretta.

A sinistra, disegno di assieme del nuovo telaio a carrozzeria portante per il progetto n. 114, una grande novità per il Centro Studi Innocenti. Sotto, il motore dello studio n. 114 è molto simile a quello che verrà poi adottato sulla serie Junior. Questo prototipo era nato con le ruote da 10 pollici e poi ridotte a 9 pollici, forse per differenziarlo ancor più dalla serie LI-TV.

Left, an engineering drawing of the new monocoque frame for project No. 114, a major innovation for the Innocenti Design Centre. Below, the engine of project No. 114 was very similar to the one that was to be adopted on the Junior. This prototype was born with 10" wheels, later reduced to 9", perhaps to further differentiate the model from the LI-TV series.

Due interessanti scatti della lambretta 50 prototipo in due momenti diversi di evoluzione. La prima, senza portapacchi e ganci ai cofani, è del 28/9/1961 mentre la seconda, con il portapacchi e i ganci, è del 3/11/1961, a pochi giorni dall'inaugurazione del Salone del Ciclo e Motociclo di Milano.

Two interesting photos of the Lambretta 50 prototype taken at two different stages of its evolution. The first, without luggage rack and side panel buttons, is from the 28th of September, 1961, while the second, with both, is from the 3rd of November 1961, a few days before the opening of the Milan Cycle and Motorcycle Show.

A tale scopo si studiò a fondo la Laverda 50, primo scooter per ragazzi immesso sul mercato nel 1959, modello che aveva intuito in anticipo l'interessante mercato dei giovani quattordicenni.

Inizialmente la scelta più difficile fu quella del telaio: in tubo come lo voleva la tradizione Innocenti o a carrozzeria portante come la acerrima nemica Vespa? Posso solo immaginare le animate discussioni negli uffici del Centro Studi tra i favorevoli a rispettare le tradizioni e quelli che desideravano un cambio di passo per semplificare la produzione.

Il telaio in tubo, vanto della Innocenti, era sì una garanzia di affidabilità ma aveva dei costi di produzione molto elevati che mal si coniugavano con un prodotto come la 50, modello certamente economico in quanto destinato ad un pubblico giovanile.

Alla fine prevalse l'aspetto commerciale sul cuore della tradizione e il nuovo modello Lambretta fu sviluppato su un innovativo telaio a scocca portante.

A dir la verità la Innocenti aveva già impostato, alla fine del 1958, il progetto per un modello Lambretta con carrozzeria portante e con un motore tipo LI ma con il cilindro verticale. Si trattava di realizzare un modello più economico della LI, da poter immettere sul mercato ad un prezzo più basso e con cilindrate più piccole.

In questa immagine scattata il 9 marzo 1963 si può vedere il primo prototipo della nuova Lambretta con il numero di progetto 124. Rispetto allo studio 122 il telaio era stato del tutto ridisegnato per migliorare l'abitabilità anche in due persone, visto l'aumento di cilindrata a 100 cc. Il comando starter è ancora posizionato sul carburatore e veniva azionato inserendo il dito nella finestrella sul cofano a destra. A destra, il progetto per il cambio automatico è datato 26-10-1968 quando la 50 DeLuxe era in piena produzione.

In this shot taken on the 9th of March 1963, we can see the first prototype of the new Lambretta with project number 124. Compared to project No. 122, the frame was completely redesigned to provide room for two, given the increase in displacement to 100 cc. The choke control is still located on the carburettor and was actuated by poking a finger through the aperture on the right-hand side panel. Right, the automatic transmission project is dated 26-10-1968 when the 50 De Luxe was being mass produced.

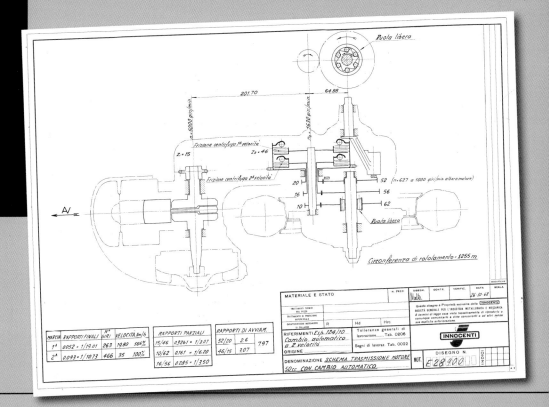

JUNIOR

Meglio Baby o meglio Cento? Un bel problema da risolvere ma alla fine, dopo un'attenta analisi di mercato, vincerà il nome "Cento".

Baby or Cento, which is better? A tricky problem to solve, but in the end, following careful market analyses, the "Cento" name was the winner.

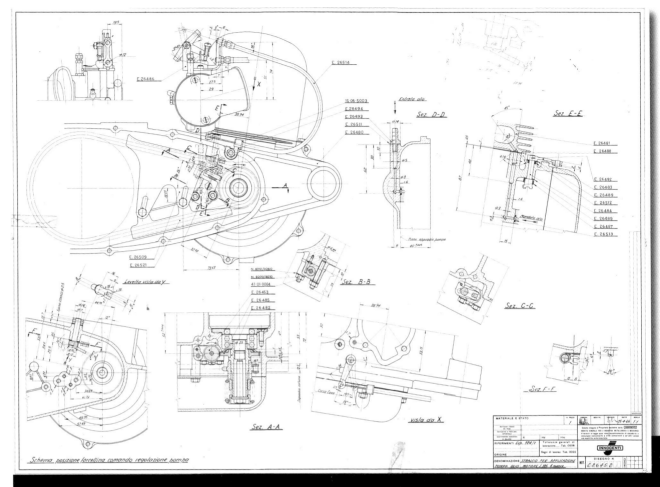

Già nel 1966 la Innocenti aveva in progetto il sistema di lubrificazione automatica per la serie 125 Junior 4 marce. Stranamente si preferirà montarla solo sul LUI 75SL e non sulla 125, destinataria iniziale del comodo sistema di miscelazione olio-benzina.

As early as 1966, Innocenti was working on an automatic lubrication system for the 125 Junior four-speed series. Strangely enough, the firm decided to fit it to the LUI 75SL only and not the 125, the original destination for the convenient oil-fuel mixing.

To this end, the team closely examined the Laverda 50, the first scooter for 14-year-olds launched in 1959, with the manufacturer recognising the potential of the interesting new market for young newcomers to scootering.
Initially, the most difficult decision concerned the frame: tubular in the Innocenti tradition or a monocoque like the Lambretta's arch rival Vespa?
I can only imagine the heated discussions in the offices of the Design Centre between those determined to respect those traditions and those eager for a change in direction to simplify production.
The tubular frame, Innocenti's pride and joy, was a guarantee of reliability but was very expensive to produce, an aspect that was ill-suited to a product such as the 50, a model that would have to be economical as it was aimed at a youthful market.
In the end, commercial interests trumped tradition and the new Lambretta was developed around an innovative monocoque frame.
In truth, Lambretta, late in 1958 had already come up with plans for a Lambretta with a monocoque

Il progetto era il n. 114 e fu sviluppato per tutto il 1959 senza mai arrivare alla realizzazione di un prototipo funzionante. Questo imponente lavoro non rimase fine a se stesso perché fu sicuramente un valido aiuto per sviluppare il progetto n. 122, la nuova Lambretta 50.
Tornando al nostro studio 122, per la scelta del motore, come già detto, ci si ispirò al progetto 114 con la classica trasmissione a catena e con il cilindro in posizione verticale, come i vecchi modelli ad albero e coppie coniche.
Unica interessante novità tecnica introdotta sulla 50 fu l'aspirazione regolata da una valvola lamellare, che avrebbe migliorato notevolmente la fluidità di marcia. I primi due prototipi funzionati furono testati verso al fine del 1961 e poi esposti in anteprima mondiale al Salone di Milano del Ciclo e Motociclo di quello stesso anno.
A causa del modesto interesse riscontrato dal nuovo modello, il progetto fu temporaneamente sospeso e, nel 1963, si preferì sviluppare una versione da 100 cc da destinare ai mercati stranieri che richiedevano scooter di quella categoria.
Chiaramente lo studio della 100 si rifaceva a quello della 50 del 1961 ma con molte migliorie, sia tecniche che estetiche: innanzitutto furono incrementate le misure della carrozzeria per poter essere utilizzata anche in due persone e il motore fu rivisto eliminando la costosa ammissione lamellare per una più semplice aspirazione controllata dal pistone.

Una simpatica pubblicità della Baby con un distinto signore dal tipico stile British. Non si può certo dire che il nome Baby sia molto indicato per una pubblicità di questo tipo!

An advertisement for the Baby with a distinguished, typically British gentleman. It can hardly be said that the Baby name is appropriate for an image of this kind!

JUNIOR

frame and an LI-type engine, albeit with a vertical cylinder. A more economical version of the LI was required that could be launched on the market at a lower price point and with smaller displacements.

This was project No. 114 and was developed throughout 1959 without ever reaching the stage of a running prototype. All this hard work did not go to waste, however, as it was certainly useful in the development of project No. 122, the new Lambretta 50. In fact, the designers were inspired by the 114 project for the powertrain with a classic chain drive and a vertical cylinder, as on the older models with a driveshaft and bevel gears.

The only interesting technical novelty introduced on the 50 was the intake system regulated via a reed valve that would have significantly improved the flexibility of the engine. The first two running prototypes were tested towards the end of 1961 and then previewed at the Milan Cycle and Motorcycle show that same year.

Due to the modest interest displayed in the new model, the project was temporarily suspended and, in 1963, the firm preferred to develop a 100 cc version destined for the international market where there was a demand for scooters in this category.

Clearly, the design of the 100 was based on that of the 50 from 1961, but with numerous improvements, both technical and stylistic: first and foremost, the dimensions of the bodywork were increased to allow the scooter to carry two people and the engine was revised to eliminate the expensive reed valve in favour of a simpler piston-controlled transfer port system.

But what name was to be given to the new Lambretta? Considering the reduced dimensions with respect to the LI series, Innocenti decided to name the new model "Baby", an anglicism that was very fashionable in Italy at the time.

Development of the Baby lasted more than a year, with dozens of mechanical modifications and improvements; the testers set out from the factory every day, covering thousands of kilometres to test the new engine and, above all, the monocoque frame.

Initially the designers tried to keep the sale price very low, making economies in terms of the finish; the rear saddle was separate and sold as an accessory, the choke control was mounted directly on the carburettor (making dirty hands almost inevitable), the rubber tips on the stand and the rubber leg shield edging, typical of the LI series, were eliminated.

As with the front fork, no damper was provided for the rear suspension, just a spring. Just before going into production, the range of accessories fitted to the model was revised to make the new Lambretta more attractive and appealing; the firm decided to enhance the quality of the product by adding, as standard, those details that had previously been eliminated.

The Lambretta Baby was now ready to go into production, but there was still one detail that had to be sorted... the name!

Innocenti's sales department had never been convinced by the "Baby" name, feeling that it was better suited to a child's toy. Displaying a distinct lack of imagination, the name "Cento" was chosen in reference to the displacement of the engine. It was also very similar in tone to the rival Vespa, which was known as the "90".

Cento was hardly an international name, but was the one that was chosen and retained through to the arrival of the three-speed J125, which replaced the Cento after just 17,642 examples had been produced.

Il famoso pilota Romolo Ferri in qualità di collaudatore per i test finali della 125 J.

The famous rider Romolo Ferri working as a tester for the final fine tuning of the 125 J.

Ma quale nome dare al neonato modello Lambretta? In considerazione delle ridotte dimensioni, rispetto alla serie LI, si scelse il nome di "Baby", di chiara ispirazione inglese, in quegli anni molto di moda in Italia. Lo sviluppo della Baby durò più di un anno, con decine di modifiche e miglioramenti meccanici; i collaudatori uscivano dallo stabilimento tutti i giorni percorrendo migliaia di chilometri per testare il nuovo motore e, soprattutto, il telaio a carrozzeria portante. Inizialmente si pensò di mantenere molto basso il prezzo di vendita, facendo diverse economie sulle finiture; la sella posteriore era separata e venduta come accessorio, il comando dello starter era diretto al carburatore (con facilità di sporcarsi le mani), vennero eliminati i gommini del cavalletto e il bordo scudo in gomma, tipico della serie LI. Come per la forcella anteriore, anche per la sospensione posteriore non fu previsto l'ammortizzatore, ma solo la molla.

Poco prima di entrare in produzione fu rivista tutta la parte accessoristica e, per rendere più gradevole ed appagante la nuova Lambretta, si decise di incrementare la qualità del prodotto aggiungendo, di serie, i particolari che erano stati in precedenza eliminati.

La Lambretta Baby era ormai pronta per essere messa in produzione ma c'era ancora un particolare da sistemare... il nome!

All'ufficio commerciale Innocenti quel "Baby" proprio non piaceva, era troppo riduttivo e sembrava il nome di un giocattolo per bambini. Senza troppa fantasia si scelse il nome di "Cento" che ricordava la cilindrata del motore, ma era anche molto simile alla Vespa, che si chiamava "90".

Cento non era certo un nome di carattere internazionale ma quello fu scelto e quello rimase fino all'arrivo della J125 3 marce, che soppiantò la Cento dopo appena 17.642 macchine prodotte.

Finalmente, nell'ottobre del 1964, iniziò la produzione anche della 50 e si scelse di utilizzare il nome Junior, che era già stato introdotto un mese prima per la 125 3 marce.

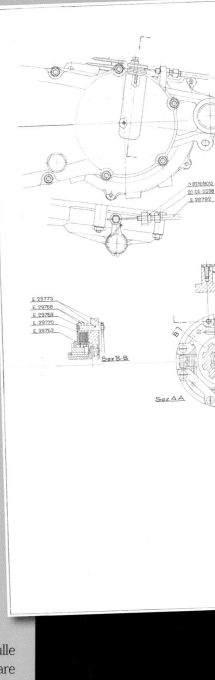

Esteticamente la 50 era quasi del tutto uguale alla 125 con le uniche varianti estetiche delle ruote da 9 pollici e della sella un poco più corta.

Durante i pochi anni in cui fu prodotta la serie Junior non fu mai oggetto di importanti aggiornamenti tecnici.

Furono testati cilindri in alluminio a canna cromata e l'accensione elettronica ma, per non aumentare i costi di produzione, queste interessanti migliorie non furono mai adottate. Anche il sistema di miscelazione automatica Benzina-Olio venne provato con successo, ma anche per questa innovazione non fu data l'approvazione e rimase in esclusiva alla Lambretta LUI 75 SL.

Un interessante progetto fu l'applicazione di un cambio automatico con una doppia frizione centrifuga a ruota libera. Siamo alla fine del 1968 e la Innocenti aveva già previsto che nel prossimo futuro il cambio automatico sarebbe stato un accessorio indispensabile per tutti gli scooter.

Lo studio di questa interessante innovazione non portò a risultati soddisfacenti e il progetto fu prematuramente abbandonato.

Infine venne proposta la possibilità di adottare una frizione automatica montata direttamente sull'albero motore; anche in questo caso non ebbe un seguito produttivo.

Per quanto riguarda la telaistica, la struttura del telaio della prima versione si dimostrò subito particolarmente delicata, specie nella versione di 100/125 cc.

Furono apportate modifiche con dei rinforzi sulle parti più delicate ma, già nel 1966, si preferì rifare completamente il telaio con una struttura più robusta e monolitica. Questo telaio si riconosce facilmente perché ha la base della sella in un sol pezzo e lo scudo anteriore più stretto e aerodinamico.

JUNIOR

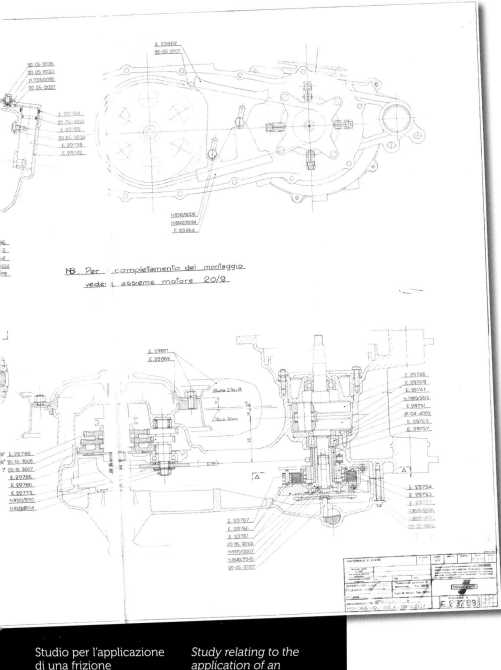

Studio per l'applicazione di una frizione automatica direttamente posizionata sull'uscita dell'albero motore. Siamo nel settembre del 1969.

Study relating to the application of an automatic clutch located directly on the drive shaft. This was in the September of 1969.

Finally, in the October of 1964, the 50 also went into production and it was decided to adopt the name Junior, which had already been introduced a month earlier for the three-speed 125. In terms of styling, the 50 was almost identical to the 125, the only variations being the 9" wheels and a saddle that was a little shorter.

Over the course of its brief production life, the Junior series was never subject to major technical updates. Cylinders in aluminium with chrome-plated liners were tested, as was electronic ignition, but to avoid increased production costs, these interesting improvements were never adopted.

The automatic fuel-oil mixture system was successfully tested, but again the innovation was never signed off and remained an exclusive feature of the Lambretta LUI 75 SL.

Another interesting project was the application of an automatic gearbox with a dual centrifugal freewheel clutch.

This was late in 1968 and Innocenti had already recognised that an automatic gearbox would become an indispensable accessory for all scooters.

Work on this interesting innovation failed to achieve satisfactory results and the company abandoned the project prematurely.

Lastly, the engineers considered the possibility of adopting an automatic clutch mounted directly on the crankshaft; this too was an idea that never made it through to production.

With regard to the frame, the structure of the first version immediately proved to be particularly delicate, especially in the 100/125 cc version. Modifications were introduced, with the weakest areas being reinforced, while in 1966 Innocenti decided to redesign the frame completely with a more robust and monolithic architecture.

This frame is easily recognisable as the base of the saddle is in a single piece, while the leg shield is narrower and more aerodynamic.

Cento

Come detto in precedenza, il primo modello commercializzato della serie Junior è stata la Cento.
Una scelta commerciale poco comprensibile perché il mercato emergente era quello dei quattordicenni che, con il nuovo Codice della strada del 1959, potevano guidare solo motoveicoli fino a 50 cc.
Inoltre la Piaggio aveva già introdotto sul mercato, nel 1963, la sua Vespa 50 e questa era certo la più valida ragione per lanciare il modello di 50 cc, che si sarebbe posto in diretta concorrenza con il nuovissimo prodotto Piaggio.

Che bello viaggiare senza casco con i capelli al vento, ancora meglio se in sella ad una fiammante Baby 100.

Riding with no helmet, hair blowing in the wind, was all the better aboard a brand-new Baby 100.

JUNIOR

Cento

A destra, un'immagine a colori della Baby con le due selle separate e con ancora la marmitta di colore nero; chiaramente si tratta di un modello preserie mai commercializzato con questo nome. A sinistra, le ruote erano da 10 pollici come per la serie LI ma con la sezione del pneumatico da 3.00.

Right, a colour shot of the Baby with the two separate saddles and still with the black silencer: clearly this was a pre-production example of a model never sold under this name.
Right, the 10" wheels were like those of the LI series, while the tyres had a 3.00 section.

As mentioned previously, the first of the Junior series models to go on sale was the Cento.
This was an incomprehensible commercial decision because the emerging market was for the 14-year-olds who, under the new Highway Code of 1959, could only ride motorbikes of up to 50 cc.
Furthermore, Piaggio had already launched its Vespa 50 in 1963 and this was certainly the most compelling reason for going with the 50 cc model, which would have competed directly with Piaggio's brand new product.
Unfortunately, I have not been able to discover the reason for this illogical decision and the only excuse might be that the idea of entering the new market composed of 16-year-olds was considered to be more profitable than that of 14-year-olds.
Moreover, the 100 cc displacement was certainly more interesting on international markets, where the 50 cc category was less popular and not very widespread, especially for scooters.
Production of the Cento got underway in March 1964., a particularly important event in the history

Purtroppo non ho avuto la possibilità di conoscere la ragione di questa scelta poco logica e l'unica scusante potrebbe essere stata l'idea di inserirsi nel nuovo mercato dei sedicenni, considerato più redditizio di quello dei giovani quattordicenni.
Inoltre la cilindrata di 100 cc era di certo più interessante per i mercati esteri, dove la categoria 50 cc era meno popolare e poco diffusa, specialmente fra gli scooter.
La produzione della Cento iniziò nel marzo del 1964. Fu un evento molto importante per la storia della Lambretta perché fu il primo modello a carrozzeria

A sinistra, un modello quasi definitivo della "Cento" con le famose due selle separate.
A destra, il tachimetro era di serie e aveva il fondo scala a 80 Km/h.

*Left, an almost definitive version of the "Cento" with the famous separate saddles.
Right, the standard speedometer read up to 80 kph.*

JUNIOR

A sinistra, particolare dal lato destro del motore di una versione preserie con un parafango fatto a mano. L'adesivo di manutenzione filtro aria non è nella sua posizione definitiva. Sotto, questo esemplare perfettamente conservato è ora esposto presso il Museo Scooter&Lambretta di Rodano. Il colore è il classico Avorio Chiaro 8054.

Left, a detail of the right-hand side of the engine of a pre-production example with a hand-made mudguard. The air filter maintenance sticker is not yet in its definitive position. Below, this perfectly conserved example is now on show at the Scooter&Lambretta Museum in Rodano. The colour is the classic Light Ivory 8054.

of the Lambretta as this was the first model featuring monocoque construction. An assembly line had to be created specifically for the new architecture of the frame and engine.
Due to the new engineering process, production start-up was very slow as different tooling had to be installed compared to the traditional LI-TV range. In the first two months, just 1,171 machines were assembled, while in July 1964 a production rate of 4,375 units was achieved, a record that sadly was never to be surpassed due to the sudden collapse in market demand.

portante e si dovette creare una catena di montaggio specifica per la nuova caratteristica costruttiva del telaio e del motore.

A causa del rinnovato processo costruttivo, l'inizio della produzione fu molto lento perché si dovettero mettere a regime macchinari differenti rispetto alla tradizionale produzione LI-TV. Nei primi due mesi furono assemblate solo 1.171 macchine mentre nel luglio del 1964 si raggiunse il regime di produzione di 4.375 esemplari, un record che purtroppo non fu più superato a causa della repentina discesa della domanda del mercato.

Un crollo delle vendite certamente inaspettato che portò l'Innocenti, negli ultimi due mesi del 1964, a produrre solo 14 macchine!

Ma quali le ragioni del mancato successo della Cento? Innanzitutto il problema più grave si rivelò il telaio: l'Innocenti non aveva certo un'esperienza in questo settore come la Piaggio e questa lacuna portò a numerose lamentele da parte dei clienti per la facilità con cui il telaio si rompeva in più punti.

L'Innocenti, che si era sempre vantata di avere un telaio in tubi di grande sezione e assolutamente indistruttibile, era ora in grave difficoltà e rischiava di perdere la fiducia dei suoi fedeli clienti in tutto il mondo.

Per risolvere il grave problema fu opportunamente rinforzato il telaio in più punti e si organizzò un servizio gratuito per la sua sostituzione presso i concessionari autorizzati.

Interessante notare che nell'ultimo periodo di garanzia, quando era già in commercio la 125 4 marce,

Pagina a fianco, una bella serie di "Cento" appena uscite dalla catena di montaggio e pronte per essere spedite ai fortunati proprietari.

Facing page, a fine group of Centos fresh off the assembly line and ready to be shipped to their lucky owners.

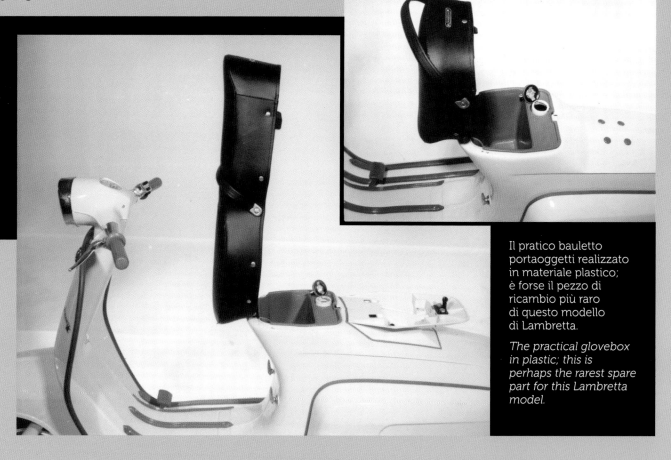

La sella lunga si ribaltava per raggiungere il bauletto portaoggetti. Il telaio e il gancio della stessa erano gli unici due particolari della Lambretta verniciati in nero lucido.

The long sdalle tilted to access the glovebox. The frame and the clasp for the saddle were the only two details of the Lambretta painted in gloss black.

Il pratico bauletto portaoggetti realizzato in materiale plastico; è forse il pezzo di ricambio più raro di questo modello di Lambretta.

The practical glovebox in plastic; this is perhaps the rarest spare part for this Lambretta model.

JUNIOR

furono sostituiti i telai danneggiati della Cento con quelli del nuovo modello '66. È quindi possibile trovare delle Cento con il telaio della 125 4 marce, ma con stampigliato il numero di omologazione della Cento.
Nel breve periodo in cui fu prodotta, ricevette pochissime modifiche e aggiornamenti.
Le più interessanti sono l'aggiunta di un parafango posteriore all'interno della scocca, il bloccasterzo di forma rettangolare al posto di quello a forma rotonda e una forma differente dei fermi del cavalletto.
Un'interessante curiosità delle prime Cento era la sella sdoppiata: si preferì adottare questa soluzione invece che la classica sella lunga biposto.
Una scelta poco comprensibile perché un pubblico giovanile al quale ci si rivolgeva non avrebbe mai apprezzato le due selle separate come sui vecchi modelli Lambretta.

Dopo pochi mesi l'errore fu risolto adottando una bella e sportiva sella lunga su cui si poteva viaggiare comodamente in due... vicini vicini!
Per quanto riguarda le colorazioni della carrozzeria, la tinta più diffusa e in pratica l'unica disponibile era l'Avorio Chiaro 8054.
Furono allestiti anche una piccola seria di esemplari in Verde Oliva Chiaro e Azzurro, ma destinati solo ad alcuni mercati esteri come l'Inghilterra e gli USA.

Rispetto alla serie LI i pezzi che componevano la Cento erano sensibilmente meno... ma comunque era sempre un bel numero.

Compared to the LI series, significantly fewer components made up the Cento... but it was still a considerable number.

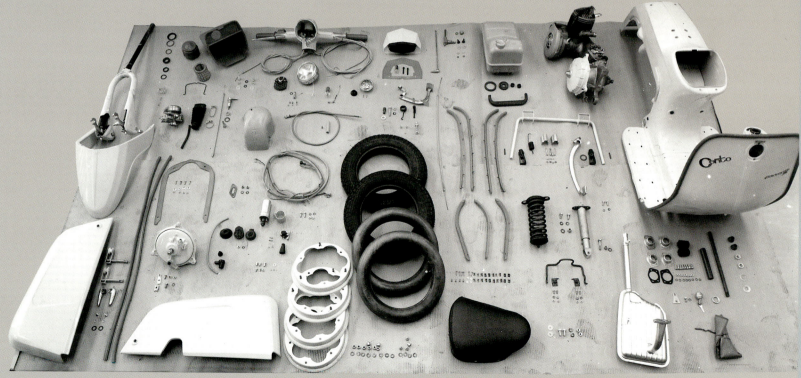

JUNIOR

Una Cento ben conservata con il rarissimo colore Azzurro. Si tratta di un modello venduto in Gran Bretagna.

A well-preserved Cento in the very rare Azure colour. This was a model sold in Great Britain.

customers about the ease with which the chassis failed at several points.

Innocenti had always prided itself on its large-section tubular frame that was absolutely indestructible, but the firm was now in serious trouble and was in danger of losing the trust of its loyal customers around the world.

To solve this issue, the frame was reinforced at several points and a free replacement service was organised with authorised dealers.

It is interesting to note that in the last warranty period, when the 125 four-speed was already on sale, the damaged frames of the Cento were replaced with those of the new '66 model. It is therefore possible to find Centos with a frame from the 125 four-speed series, but with the Cento's homologation number stamped on them.

In the short time the model was produced, it was subjected to very few modifications and updates.

The most interesting are the addition of a rear mudguard inside the frame, the fitting of a rectangular-shaped steering lock instead of the round version and a different shape to the stand stops.

An interesting feature of the early Centos was the twin saddles that were preferred to the classic long two-seater saddle.

It is hard to understand the reasoning behind this, as the young public they were addressing would never have appreciated the two separate saddles as on the old Lambretta models.

A few months later, the mistake was resolved by adopting a beautiful and sporty long saddle on which two people could ride comfortably... close together!

As far as bodywork colours were concerned, the most popular and practically the only colour available was Light Ivory 8054.

There were also a small number of examples in Light Olive Green and Azure, but these were only destined for certain international markets such as Britain and the USA.

This certainly unexpected fall in sales resulted in Innocenti producing only 14 machines in the last two months of 1964!

What were the reasons for the Cento's lack of success?

First and foremost, the most serious problem turned out to be the frame itself: Innocenti certainly lacked Piaggio's experience in the monocoque field and this shortcoming led to numerous complaints from

Junior 125 3 marce

Già a pochi mesi dalla presentazione della Cento ci si rese conto che il mercato scooteristico internazionale richiedeva modelli con prestazioni più interessanti e con una cilindrata al limite consentito di 125 cc.
Si decise, quindi, di maggiorare l'alesaggio del cilindro della Cento da 51 mm a 57 mm, lasciando invariata la corsa del pistone.
Per migliorare le prestazioni velocistiche furono anche leggermente allungati i rapporti al cambio per ottenere una velocità massima dichiarata di 86,7 km/h, certamente migliore rispetto alla Cento che raggiungeva a malapena i 76 km/h.
La carrozzeria rimase del tutto uguale alla serie precedente, a parte la scritta sullo scudo anteriore e il colore della carrozzeria; per quest'ultima fu scelto un brillante Grigio Metallizzato, sicuramente più moderno dell'Avorio Chiaro della Cento.
A parte il colore e la scritta anteriore, la 125 era assolutamente uguale alla Cento e quindi, nelle foto ufficiali in bianco e nero, è quasi impossibile distinguere i due modelli.

Per promuovere adeguatamente il nuovo modello, la Innocenti fece preparare un'interessante tabella comparativa per mettere in luce le migliori caratteristiche della Lambretta rispetto alla Vespa. Questo documento era inviato alle concessionarie per addestrare i venditori a migliorare le loro strategie di vendita.

To promote its new model adequately, Innocenti had an interesting comparative table drawn up to highlight the best characteristics of the Lambretta with respect to the Vespa. This document was sent to the dealers to train the sales staff and help improve their sales strategies.

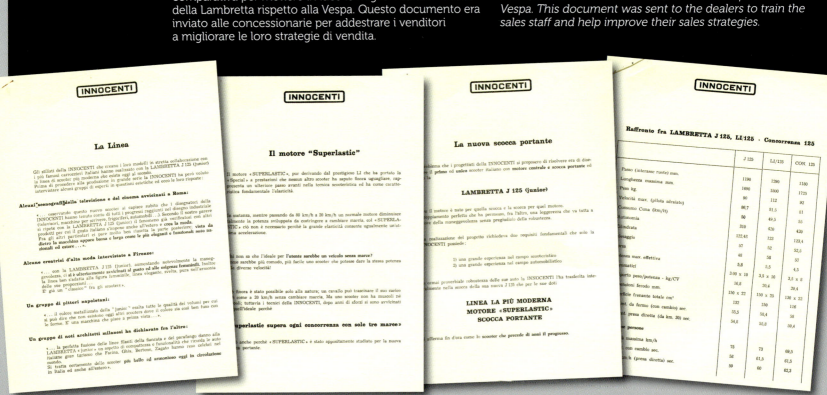

JUNIOR

Junior 125 3 speed

A destra, in questo scatto dal lato destro si può notare che questo modello fa parte della prima versione con i fermi cavalletto saldati all'esterno del tondino e il bloccasterzo di forma rotonda.
Sotto, la forcella monta ancora i tamponi fine corsa con le viti; verranno poi adottati i tipi ad incastro senza viti.

Right, in this shot of the right-hand side we can see that this example is part of the first version with the stand stops welded to the outside of the boss and a round steering lock.
Below, the fork still carries the stops with screws; they would later be replaced with the inset type without screws.

Just a few months after the presentation of the Cento, Innocenti realised that the international scooter market demanded models with more interesting performance and a displacement at the permitted 125 cc limit.

It was therefore decided to increase the cylinder bore of the Cento from 51 mm to 57 mm, leaving the piston stroke unchanged.

To improve maximum speed, the gear ratios were also slightly lengthened to achieve a declared top speed of 86.7 kph, certainly better than the Cento which could barely reach 76 kph.

The bodywork remained identical to the previous series, apart from the lettering on the leg shield and the bodywork colour; a glossy metallic grey was chosen for the latter, certainly more modern than the Cento's light ivory.

Apart from the colour and the front lettering, the 125 was so similar to the Cento that in the official black and white photos it is almost impossible to distinguish the two models.

In basso, dalla vista posteriore è impossibile riconoscere la 125 dalla 100 nelle foto in bianco e nero: sono identiche!

Bottom, from the rear it is impossible to distinguish the 125 from the 100 in the black and white photo: they are identical!

JUNIOR

The increase in displacement was a boost for the Junior, with monthly production returning to more significant numbers, the improved performance being welcomed by the youthful clientele of 16-year-olds. Unfortunately, however, with this increase in performance, the inherent defects of this particular frame were once again put to the test and the frequently recurring dangerous failures were hardly reassuring. To resolve what was as serious problem once and for all, the chassis was completely redesigned with a more compact and monolithic design, this important innovation being introduced in mid-1966 with the new four-speed version of the 125.

During its production run, the 125 3m received the same updates as the Cento, including the kick-start lever which changed from aluminium to chrome-plated metal around March 1965.

In questa immagine si nota il fermo superiore della guaina del freno anteriore e del tachimetro che è ancora del tipo smontabile; verrà poi sostituito da un gancio saldato alla forcella.

In this shot, note the upper front brake cable sheath clip while the speedometer is still of the removable type; it was later replaced with a holder welded to the fork.

L'aumento della cilindrata fu un buon toccasana per la Junior, la produzione mensile tornò a numeri più consistenti e l'incremento delle prestazioni fu accolto con piacere dai giovani sedicenni.
Purtroppo, però, con l'aumento delle prestazioni, i difetti congeniti di questo particolare modello di telaio furono ancora una volta messi a dura prova e le pericolose rotture si ripresentavano frequenti e davvero poco rassicuranti.
Per risolvere del tutto questo grave problema fu integralmente riprogettato il telaio con un disegno più compatto e monolitico e questa importante innovazione fu introdotta a metà del 1966 con la nuova versione 125 a 4 marce.

Particolare del motore della seconda versione con il cavalletto modificato. La posizione dell'adesivo manutenzione filtro aria è corretta. Notare la molla sospensione che era in finitura brunita nera mentre l'ammortizzatore era verniciato alluminio.

A detail of the engine of the second version with the modified stand. The position of the air filter maintenance sticker is correct. Note the suspension spring with its black finish, while the damper was in painted aluminium.

JUNIOR

Un eccellete lavoro di restauro conservativo di una bellissima 125 J 3 marce nella sua rara tinta originale Roman Bleu. Questo colore era prevalentemente destinato all'esportazione mentre per l'Italia era preferito il classico Grigio Metallizzato.

An excellent conservative restoration of a stunning 125 J 3m in its rare orginal Roman Blue livery. This colour was prevalently destined for export markets, while the classis Metallic Grey was preferred for Italy.

Durante la sua produzione la 125 3m ricevette gli stessi aggiornamenti della Cento, compresa la leva di avviamento che passò da alluminio a metallo cromato verso il marzo del 1965.
La produzione totale fu di 21.651 unità, sicuramente meglio della Cento che si fermò a soli 17.642 esemplari prodotti.
Come per la Cento, anche la 125 3 marce è molto rara sul mercato Italiano perché la maggior parte della produzione fu destinata ai mercati esteri; per questa ragione in Italia è particolarmente difficile trovare una 100 o 125 3m in buon stato di conservazione.
Nel caso voleste completare la vostra collezione di Lambretta vi consiglio, nel limite del possibile, di preferire una Cento rispetto alla 125; la Cento è stata la capostipite della serie Junior e avrà in futuro la sua giusta rivalutazione.

La corretta posizione dei cavi del freno anteriore e del contakm è molto importante per un restauro perfetto al 100%.

The correct positioning of the front brake and odometer cables is very important for a perfect restoration.

JUNIOR

Una importante raccomandazione: non fate come i due ragazzi nella foto, MAI montare in sella con la Lambretta sul cavalletto. In poco tempo avrete il telaio deformato e il cavalletto inservibile.	An important warning: don't imitate the couple in the photo: NEVER sit on the saddle with the Lambretta on its stand. You will soon have a deformed frame and an unusable stand.

Innocenti produced a total of 21,651 units, which was a clear improvement over the Cento of which only 17,642 examples left the factory.

As with the Cento, the 125 three-speed was very rare beast on the Italian market as the most examples were destined for international markets; for this reason, it is particularly difficult to find a 100 or 125 3m in good condition in Italy.

Should you wish to complete your Lambretta collection, I would suggest that, where possible, you should prefer a Cento over a 125; the Cento was the progenitor of the Junior series and will certainly appreciate in the future.

Lambretta J 50

Due belle immagini a colori della primissima versione della J 50, ancora senza il bordo scudo in PVC grigio. Si tratta di una versione preserie per il servizio fotografico di presentazione; infatti monta ancora la marmitta della Cento.

Two fine colour shots of the earliest version of the J50, still lacking the leg shield beading in grey PVC. This was a pre-production example used for the presentation photo shoot: it was still fitted with the silencer from the Cento.

La Lambretta J 50 nacque alla fine del 1964 e, più precisamente, nell'ottobre con l'assemblaggio dei primi 21 esemplari.

Rispetto alle sue concorrenti, l'Innocenti fu in notevole ritardo in questo importante settore; infatti, diverse aziende italiane avevano già in listino il loro scooter di 50 cc che vendevano con discreto successo da alcuni anni.

Per il lancio della Lambretta J 50 l'Innocenti non fece nulla di clamoroso, la presentazione alla stampa fu molto semplice e sobria e anche il materiale pubblicitario non era certo quello destinato ai grandi eventi. Sembrava quasi che l'Innocenti non avesse ancora capito il grandissimo potenziale del nuovo mercato scooteristico italiano 50 cc e che la J 50 fosse stata prodotta più per completare la gamma che per essere il modello trainante della produzione.

Lambretta J 50

Sopra, in questo scatto della parte posteriore possiamo notare che il telaio è ancora quello derivato dalla Cento, con il caratteristico rinforzo a X sulla base per la targa di circolazione.
A sinistra, lo scudo paragambe della prima versione era veramente molto ampio. Di certo molto protettivo ma anche poco aerodinamico e poco sportivo per i ragazzi cui era dedicata la Lambretta J 50.

Above, in this shot of the rear section we can see that the frame is still the one derived from the Cento, with the characteristic X reinforcement on the number plate holder.
Left, the leg shield on the first version was very wide. It certainly offered excellent protection but was aerodynamically poor and anything but sporting for the youngsters the Lambretta J 50 was aimed at.

The Lambretta J 50 was born in late 1964 and, in October to be precise, with the assembly of the first 21 examples.
Compared to its competitors, Innocenti was came late to this important sector; in fact, several Italian companies had already introduced their own 50 cc scooters, which they had been selling quite successfully for some years.
For the launch of the Lambretta J 50 Innocenti did nothing sensational, the presentation to the press was very simple and sober and even the advertising material was certainly nothing out of the ordinary.

L'esatto opposto della Piaggio che, invece, aveva ben intuito il mercato dei giovani quattordicenni; la Vespa 50 si rivelerà, infatti, una delle scelte più azzeccate di tutta la loro produzione.

La J 50 riprendeva integralmente le caratteristiche costruttive della sorella maggiore Cento con l'unica variante delle ruote da 9 pollici al posto di quelle da 10 pollici.

La sella lunga, comoda e ben molleggiata, era simile a quella di maggior cilindrata ma un poco più corta e senza la maniglia del passeggero, poiché la categoria 50 cc non prevedeva la possibilità di portare un'altra persona.

Una rara immagine originale a colori dell'ultimo modello J 50 con il vecchio telaio ma con già la griglia posteriore in alluminio.
A rare original colour shot of the final J 50 model with the old frame, but already fitted with the aluminium rear grille.

JUNIOR

La versione bicolore, a sinistra, era la più apprezzata perché dava un tocco di eleganza alla piccola Lambretta.

The two-tone livery, left, was the most popular as it gave a touch of elegance to the little Lambretta.

It was almost as if Innocenti had yet to recognise the enormous potential of the new Italian 50 cc scooter market and that the J 50 was produced more to complete the range than to be the company's key model. This was the polar opposite of Piaggio, with the Vespa manufacturer having grasped the importance of the market for 14-year-olds; the launch of the Vespa 50 would in fact prove to be one of Piaggio's best pieces of business.

The J50 inherited all the engineering features of its sister model the Cento, with the only variation being nine-inch wheels instead of 10-inch ones.

The long, comfortable and well sprung seat was similar to that of the larger displacement Cento but a little shorter and without the grab handle, as the 50 cc category did not allow for the possibility of carrying a passenger.

The engine was practically the same as the Cento's, with the only modifications being the cylinder/shaft assembly reduced to 50 cc and shorter ratios to keep the top speed within 40 kph, as prescribed by the highway code.

The carburettor was the same Dell'Orto SHB model, but of the size 18/12, while the intake system was unchanged.

In effect the firm had attempted to unify the two models as far as possible to reduce production costs and optimise assembly line operations.

Il motore della J 50 riprendeva le caratteristiche costruttive della Cento. Era facilmente riconoscibile per la cuffia del cilindro più piccola e per il coperchio volano più basso.

The engine of the J 50 reprised the architecture of that of the Cento. It was easily recognisable thanks to the small cylinder barrel and the lower flywheel cover.

INNOCENTI

NOTIZIE PER LA STAMPA

A cura dell'Ufficio Stampa e Propaganda INNOCENTI - MILANO, Via Pitteri 81. Informazioni più dirette possono essere richieste telefonando al n. 23.93 - int. 485 - 636 e 600

"LAMBRETTA J 50"

La INNOCENTI presenta in questi giorni la "Lambretta J 50" con una veste del tutto simile alla "Lambretta 125 m 4", recentemente introdotta sul mercato.

Le modifiche oltre che meccaniche sono quindi di ordine estetico e riguardano lo scudo che è più raccolto, di minore superficie e più gradevole: la parte posteriore è stata interamente ridisegnata e l'insieme si presenta in maniera assai elegante.

Questi adeguamenti, che migliorano sensibilmente la linea, rappresentano sul piano produttivo il raggiungimento di un altro traguardo verso la unificazione dei modelli.

Come è noto la "Lambretta J 50" non ha targa, non richiede patente e si può guidare a 14 anni.

Le "Lambretta J 50" hanno una vastissima varietà d'impiego. Se ne vedono ormai migliaia per le strade, guidate da persone di ogni età e condizione: notevole il loro disimpegno nel traffico cittadino grazie alle non comuni doti di ripresa.

Non essendo richiesta l'immatricolazione, l'acquisto della "Lambretta J 50" è facile e l'esercizio ben poco impegnativo: il prezzo di listino è di L. 109.700 f.f. e sono possibili le più varie rateazioni (fino a trenta mesi) mentre, con un litro di miscela, la "Lambretta J 50" percorre oltre 63 Km. (norme CUNA).

La "Lambretta J 50", per le sue caratteristiche, viene giustamente considerata dalla clientela uno scooter di taglia giovanile, fornito delle migliori qualità tecniche. Particolarmente apprezzata è la sospensione anteriore che offre un perfetto e soffice equilibrio per effetto della forcella a doppio braccio.

La "Lambretta J 50" viene attualmente prodotta in due tinte: bianco e azzurro acquamarina.

Il motore era praticamente lo stesso della Cento con le sole modifiche del gruppo cilindro/albero ridotto a 50 cc e dei rapporti più corti per contenere la velocità massima in 40 km/h come prescriveva il Codice della strada.

Il carburatore era dello stesso modello SHB Dell'Orto, ma della misura 18/12 mentre l'impianto di aspirazione era rimasto perfettamente uguale.

In pratica si cercò di unificare al massimo i due modelli per ridurre i costi di costruzione e ottimizzare la produzione in catena di montaggio.

I primi modelli prodotti si riconoscono facilmente per la tinta della carrozzeria Bianco Nuovo e per la mancanza del bordo scudo in pvc grigio e del bloccasterzo.

In seguito si pensò bene di migliorare la finitura della J 50 con l'introduzione di serie di questi due utili accessori e con la possibilità di scegliere anche una bella ed elegante verniciatura bicolore Verde Oliva chiaro e Verde Oliva scuro.

Quest'ultima colorazione sarà quella preferita dai giovani ragazzi e oggi è quella più facile da trovare.

Alla fine del 1965, per migliorare ulteriormente la finitura della J 50, venne adottata una bellissima mascherina a griglia nella parte posteriore del telaio con un grande logo J 50 in ottone cromato. Con questo interessante aggiornamento furono proposte anche due nuove colorazioni: Carrozzeria Bianco Nuovo con i cofani Rosso Rubino o Azzurro Nuovo.

Documento ufficiale della Innocenti con la presentazione della nuova serie '66.

An official Innocenti document presenting the new '66 series.

JUNIOR

The first models produced are easily recognisable thanks to the New White paintwork and the absence of the grey PVC leg shield surround and the steering lock.

It was later decided to enhance the specification of the J 50 with the introduction of these two useful accessories as standard and with the option of choosing a beautifully elegant two-tone light and dark olive green livery.

This last colour was to be a favourite with the youngsters and is the easiest to find today.

Late in 1965, the specification of the J 50 was further improved with an attractive grille inserted at the rear of the frame with a large chrome-plated brass J 50 logo. Two new colours were also offered with this interest-update: New White bodywork with Ruby Red or New Blue side panels.

As for the engine, the transmission was modified by eliminating the cush drive on the pinion and reducing the clutch plates to two.

Sopra, la versione di metà '67 si distingueva unicamente per la mancanza delle maniglie in alluminio ai cofani laterali.
Sotto, il modello '66 con la nuova carrozzeria che integrava anche la parte posteriore del telaio; finalmente una struttura solida e monolitica, impossibile da rompere!

Top, the version from mid-'67 was distinguished solely by the absence of the aluminium handles on the side covers.
Above, the '66 model with the new bodywork that integrated the rear section of the frame; finally a solid, monolithic structure that was impossible to break!

Nella vista anteriore si può apprezzare lo scudo più rastremato che dava alla J 50 un tocco di sportività, particolarmente gradito ai giovani piloti.

In this front view we can admire the slimmer leg shield that gave the J 50 a sporting touch particularly popular with the young riders.

Per quanto riguarda il motore furono modificate la trasmissione eliminando il parastrappi sul pignone e riducendo a due i dischi guarniti della frizione.
In questa configurazione la Lambretta J 50 fu prodotta fino all'agosto del 1966, quando fu introdotto il nuovo telaio monolitico derivato dalla 125 J 4 marce. Come per la Cento, anche per la 50 si evidenziarono gravi difetti strutturali del telaio con rotture in più punti e in particolar modo nella zona del cavalletto; per risolvere definitivamente il problema si dovette riprogettarlo con un nuovo disegno più compatto e solido. Con questa nuova carrozzeria autoportante e più aerodinamica la Lambretta J 50 sarà soprannominata '66 in riferimento alla data del cambiamento.
Pochi mesi dopo la presentazione della serie '66 vennero offerte nuove colorazioni più vivaci e moderne: Verde Mela, Rosa e Arancione.
Tecnicamente il motore rimase invariato perché doveva mantenere i limiti di legge di 1,5 CV e 40 km/h di velocità massima.
Nei poco meno di due anni di produzione il modello '66 ricevette pochissimi aggiornamenti; i più significativi furono l'adozione dei ganci dei cofani a scomparsa come per la DL e il montaggio di due ranelle al pistone per il centraggio della biella.
La produzione totale della J 50 fu di 69.988 esemplari prodotti dall'ottobre 1964 a gennaio 1968. Un numero certamente interessante ma che sarebbe potuto-essere molto più alto se questo modello fosse stato pubblicizzato in maniera più adeguata e più vicino ai giovani ragazzi quattordicenni.

JUNIOR

In this configuration the Lambretta J50 was produced through to August 1966, when the new monolithic frame derived from the 125 J four-speed was introduced.

As with the Cento, the frame of the 50 suffered from serious structural defects, with cracks occurring in several places and in particular in the kickstand area; a definitive solution for this problem was sought by completely revising the frame with a new, more compact and stronger design.

With this new self-supporting and more aerodynamic bodywork, the Lambretta J50 would be known as the '66 in reference to the date of the change.

A few months after the presentation of the '66 series new, more vibrant and modern colours were offered: Apple Green, Pink and Orange.

In technical terms, the engine remained unchanged as it had to respect the legal limits of 1.5 hp and a 40 kph top speed.

In just under two years of production, the '66 model was rarely updated; the most significant change being the adoption of concealed side panel clasps, as on the DL, and the fitting of two washers to the piston for centring the connecting rod.

A total of 69,988 examples of the J 50 was produced from October 1964 to January 1968. While this was certainly an interesting number, it could have been much higher had the model been advertised more appropriately with regard to its 14-year-old clientele.

All'uscita di scuola un'attraente J50 attende la bella ragazza che non vede l'ora di salire in sella e scorrazzare per le vie della città.

Outside school, an attractive J50 awaits the beautiful girl who can't wait to saddle up and explore the city streets.

Lambretta 125 J 4 marce

Il modesto successo di vendite della J 100 e 125 portò l'Innocenti a rivedere completamente il progetto Junior.

Innanzitutto bisognava riprogettare il telaio, che aveva dato gravissimi segni di debolezza nella parte centrale, e poi era assolutamente necessario un incremento di prestazioni per tenere il passo con la diretta concorrente, la Vespa 125.

La struttura del telaio monoscocca fu adeguatamente rinforzata e si preferì inglobare la base della sella per rendere più monolitica la struttura; inoltre lo scudo anteriore fu riprofilato per migliorare l'aerodinamica e dare un tocco di sportività al nuovo modello.

Questa interessante immagine scattata all'interno della fabbrica mette in risalto la modifica dello scudo anteriore, in confronto alla 3 marce, per renderlo più sportivo e aerodinamico; ; la vistosa scritta Lambretta 125 non verrà adottata nella produzione di serie.

This interesting photograph taken in the factory grounds highlights the modification of the leg shield compared with the three-speed, making it more sporting and aerodynamic; the eye-catching Lambretta 125 lettering was not to be adopted for the production version.

JUNIOR

Lambretta 125 J 4 speed

The modest sales success of the J 100 and 125 led Innocenti to completely revise the Junior project. Above all, the frame had to be redesigned as it had shown very serious signs of weakness in the central section. There was also a need for improved performance to keep up with the model's direct rival, the Vespa 125.

The monocoque structure was appropriately reinforced and the engineers preferred to integrate the base of the saddle to render the component more monolithic; moreover, the leg shield was reshaped to improve the aerodynamics and lend a sporting touch to the new version.

With regard to the power train, modifications were introduced that were so substantial as to create a virtually new project: the casing was redesigned to contain the new four-speed gearbox and two supplementary silent blocks were added to reduce the tiresome vibrations that afflicted the old models.

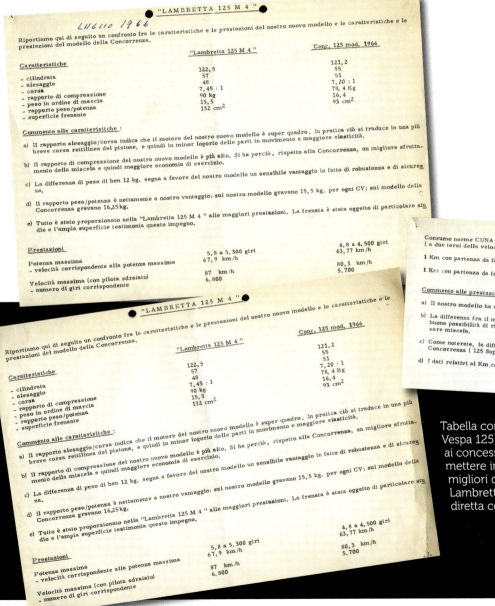

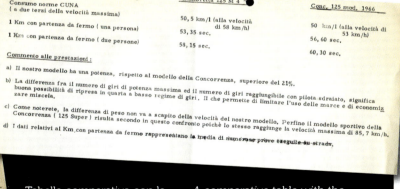

Tabella comparativa con la Vespa 125 destinata ai concessionari per mettere in evidenza le migliori qualità della Lambretta rispetto alla sua diretta concorrente.

A comparative table with the Vespa 125 destined for the dealers and highlighting the best qualities of the Lambretta with respect to its direct rival.

Per quanto riguarda l'unità motrice, le modifiche furono decisamente sostanziali, in pratica era quasi un nuovo progetto: fu ridisegnato il carter per contenere il nuovo cambio a quattro velocità e furono aggiunti due silent-block supplementari per ridurre le fastidiose vibrazioni che assillavano i vecchi modelli.

L'albero motore fu rinforzato e incrementato di massa per migliorare la coppia ai bassi regimi mentre il paraolio, lato trasmissione, fu ridisegnato per migliorare la tenuta dell'olio del cambio.

Esteticamente la modifica più appariscente fu l'adozione di un gruppo ottico di dimensioni maggiorate, da 105 a 115 mm, per potenziare la luminosità del faro anteriore. Per fare ciò si dovettero modificare anche le fusioni del gruppo manubrio per allargare lo spazio dove inserire il nuovo gruppo ottico.

Per il colore della carrozzeria fu scelto un semplice azzurro chiaro o, in alternativa, il classico Bianco nuovo.

Tutte queste modifiche così consistenti furono un grande impegno finanziario per l'Innocenti che sperava così di recuperare, almeno in parte, l'insuccesso commerciale del J 125 3 marce.

Purtroppo le cose non andarono nel senso voluto; le opinioni negative della serie precedente a tre marce furono la causa principale dell'insuccesso della nuova 125 4 marce. Inoltre la trasmissione con la modesta catena singola era il vero tallone d'Achille di questo modello; si allungava con estrema facilità causando sinistri rumori nel motore che potevano arrivare al pericoloso blocco della ruota posteriore.

La produzione totale si fermò ad appena 16.052 esemplari nel corso dei tre anni di produzione, ancora meno del precedente modello a tre marce.

JUNIOR

Nella pagina a fianco: nello scatto da ¾ anteriore, si può apprezzare ancor più il nuovo scudo riprofilato che dava alla 125 4 marce uno spirito più giovanile e simpatico.
A destra, per rimarcare la novità del modello, il logo anteriore fu impreziosito da una stella. Per questa ragione la 125 4 marce venne subito soprannominata "Stellina".
A destra, la sella biposto della 4 marce era la più lunga di tutte le selle Lambretta, particolarmente comoda ed accogliente.

Right, in this three-quarters view we get an even better idea of the new reshaped leg shield that gave the 125 four-speed a younger and more attractive appearance.
Right, underlining the novelty of the model, the front logo was embellished with a star. For this reason the 125 four-speed was immediately nicknamed "Stellina" in Italy.
Facing page, the four-speed's two-seater saddle was the longest of all the Lambretta saddles and particular comfortable and accommodating.

The crankshaft was reinforced and given extra mass to improve torque at low revs, while a redesigned and improved oil seal was fitted on the transmission side to prevent gearbox oil leaks.
In stylistic terms, the most obvious modification was the adoption of a headlight unit increased in size from 105 to 115 mm, providing improved low light visibility. This change required the modification of the handlebar assembly castings to enlarge the space in which the new headlight unit was housed.
A simple light blue livery was chosen as alternative to the classic New White bodywork colour.
All these major modifications required substantial investments by Innocenti, with the firm hoping they would help it recover, at least in part, from the disappointing sales performance of the J 125 three-speed. Sadly, things did not go according to plan; the negativity surrounding the preceding three-speed series was the principal cause of the new 125 four-speed lack of success. Furthermore, the transmission with its modest simplex chain was the model's true Achilles' heel. It stretched very easily causing ominous noises from the drive chain and could even cause perilous rear wheel lock-ups.
Innocenti produced total of just 16,052 units over the course of its three-year production run, even fewer than the earlier three-speed model.
While the J 125 4m received a tepid welcome in Italy, on other international market it was reasonably successful.

Una rara immagine scattata all'interno della fabbrica della Super Star Stream, ancora nella primissima versione monocolore.

A rare photo of a very early, single colour Super Star Stream taken in the factory.

Se in Italia non fu accolta con grande entusiasmo, in altri mercati esteri riuscì ad ottenere un discreto successo di vendite.

In Inghilterra la 125 J 4 marce venne offerta in due versioni distinte: la Star Stream che era identica a quella venduta sul mercato italiano e la Super Star Stream che era caratterizzata dal parafango anteriore girevole e da un frontalino in alluminio che ripeteva lo stile delle sue sorelle maggiori.

Ma di queste serie speciali si parlerà approfonditamente nel capitolo 10, scritto dall'amico Dean che ha curato la ricerca di questi speciali modelli prodotti all'estero su licenza Innocenti.

JUNIOR

Completamente nuovo il blocco motore, anche se molto simile al vecchio modello. Si riconosce facilmente per i silent-block supplementari incorporati nella fusione del carter.

The engine assembly was all new, albeit still very similar to the old model. It is easily recognisable thanks to the supplementary silent blocks incorporated in the crankcase casting.

In Britain, the J 125 4m was offered in two different versions: the Starstream, which was identical to the model sold in Italy, and the Super Starstream characterised by a turning front mudguard and an aluminium front casting that reprised the styling of the scooter's larger sister models.

However, we shall investigate these special series in more depth in chapter 10, written by my friend Dean, who was responsible for researching the models produced abroad under license from Innocenti.

Il modello Super Star Sream destinato ai mercati esteri, qui nella versione bicolore Bianco Nuovo e Azzurro Nuovo.

The new Super Star Stream model destined for international markets, here in the New White and New Blue two-tone livery.

50 De Luxe

A poco meno di un anno e mezzo dalla presentazione della nuova serie '66 con telaio rinforzato, l'Innocenti lanciò sul mercato una nuova versione dal carattere più sportivo ed elegante: la 50 De Luxe.
Pur mantenendo le forme caratteristiche della J 50, la nuova De Luxe era un modello profondamente rinnovato sia nell'estetica sia nella telaistica.
L'aggiornamento più importante era certamente l'adozione delle ruote da 3.00x10 al posto delle 2.75x9; montando i pneumatici della 125, la nuova 50 diventò più "adulta", la posizione di guida rialzata la rendeva più importante e anche più sicura nella guida cittadina.
Per renderla ancora più elegante, la fiancata fu arricchita con il bellissimo fregio di alluminio della Special 150, corredato da una luccicante sigla "De-Luxe" per identificare meglio il nuovo modello.
Anche il logo sullo scudo fu rivisto, adottando la vistosa scritta "Lambretta" della serie SX, seguita da una grande "50" per ricordare la cilindrata.

JUNIOR

50 De Luxe

A little less than a year and a half after the presentation of the new '66 series with the reinforced frame, Innocenti introduced a new version to the market with a sportier and more elegant character: the 50 De Luxe.

While retaining the characteristic lines of the J 50, the new De Luxe was profoundly revised in terms of both styling and running gear.

The most important update was without doubt the adoption of the 3.00x10 rather than 2.75x9 wheels; by fitting the same tyres as the 125, the new 50 immediately became more "adult", the raised riding position made it more imposing and it was also safer to ride in traffic.

To make it even more elegant, the side panel was enhanced with the beautiful aluminium trim from the Special 150, accompanied by shiny "De Luxe" badging to better identify the new model.

The logo on the leg shield was also revised, adopting the eye-catching "Lambretta" script from the SX series, followed by a large "50" referencing the displacement.

Una 50 DL della prima produzione in prefetto stato di conservazione. Si riconosce dal bordo in gomma grigia dello scudo che verrà poi sostituito da un profilo in alluminio lucidato.

A perfectly preserved early production 50 DL. It is recognisable from the grey rubber leg shield beading that was later replaced with a polished aluminium profile.

Ho volutamente lasciato per ultima l'adozione della sella singola con il piccolo portapacchi perché di questa modifica non riesco a farmene una ragione.
In un periodo storico dove la sella singola era bandita da ogni motocicletta e il portapacchi era il simbolo più evidente di un mezzo da lavoro, non riesco a capire il motivo che ha spinto l'Innocenti a prendere una simile decisione!
Una malaugurata scelta in controtendenza che non piacque a nessun quattordicenne, che invece era desideroso di un veicolo giovane e sportivo.
E infatti, oggi, è molto raro trovare una DeLuxe con la sella originale ed è invece molto più facile trovarla con una bella sella lunga aftermarket o del tipo Giuliari della J50'66.
Ultimo aggiornamento, rispetto alla J 50'66, fu l'eliminazione della bellissima griglia posteriore in pressofusione con la scritta J 50; per fare questo fu modificata la parte posteriore del telaio perché rimaneva scoperta.

Due viste laterali: queste immagini originali facevano parte della cartella stampa che la Innocenti forniva ai giornalisti.
Pagina a fianco, sopra, i listelli sulla pedana vennero migliorati adottando i binari in allumino con gli inserti in gomma. È stato l'unico modello della serie junior a montare questo tipo di finitura.
In basso, la parte posteriore il telaio era stata aggiornata con l'eliminazione della griglia in alluminio con la scritta J50.
A destra, dalla vista dall'alto si può apprezzare la filante linea della carrozzeria, aerodinamica e perfettamente proporzionata.

JUNIOR

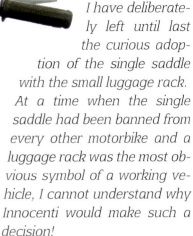

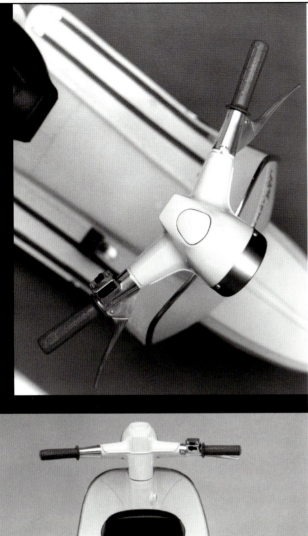

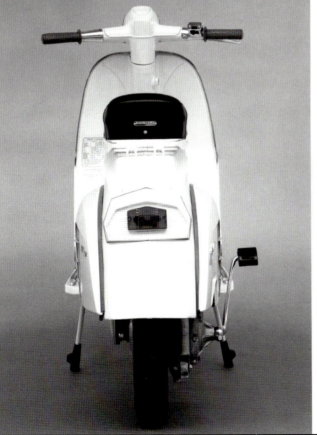

Two side views: These original shots were part of the press pack that Innocenti provided to the journalists. Facing page, above, the footboard runners were improved with the adoption of aluminium rails with rubbers inserts. This was the only model in the Junior series to fit this type of runner. Bottom, the rear section of the frame was updated with the elimination of the aluminium grille with the J50 lettering. Right, seen from above, we can appreciate the sleek lines of the bodywork, aerodynamic and perfectly proportioned.

I have deliberately left until last the curious adoption of the single saddle with the small luggage rack. At a time when the single saddle had been banned from every other motorbike and a luggage rack was the most obvious symbol of a working vehicle, I cannot understand why Innocenti would make such a decision!

It was an unfortunate counter-intuitive choice that would hardly appeal to any 14-year-old looking for a youthful, sporting vehicle.

Today, in fact, it is very rare to find a De Luxe with the original saddle and it is much easier to find one with an attractive aftermarket long saddle or the Giuliari type ofromf the J50 '66.

The final update, with respect to the J 50 '66, was the elimination of the beautiful die-cast rear grille with the J 50 script; as part of this operation the rear section of the frame was modified because it remained uncovered.

Mechanically, the engine remained virtually the same apart from the change in gear ratios with the adoption of 10-inch wheels.

Meccanicamente il motore rimase in pratica lo stesso a parte la modifica ai rapporti al cambio per l'adozione delle ruote da 10 pollici.

Con l'introduzione del nuovo modello, il prefisso prima del numero di telaio divenne 50DL, mentre sul motore rimase la sigla J 50.

La De Luxe fu ben accolta dal pubblico quattordicenne perché era certamente meglio rifinita della Vespa 50 e, con le ruote da 10 pollici, dava l'impressione di un modello di cilindrata superiore.

La produzione totale fu di 28.852 esemplari, pressoché tutti destinati al solo mercato italiano.

Le colorazioni più apprezzate furono l'Azzurro Acquamarina e il Verde Mela, decisamente meno popolare il Bianco Nuovo.

A fianco, il mozzo anteriore era lo stesso della 125, ma con le ganasce freno più strette. Sopra, le vistose scritte sono in bella vista sullo scudo anteriore.

Left, the front hub was the same as the 125, but with the narrower brake shoes. Above, the eye-catching badging stands out on the leg shield.

JUNIOR

A sinistra, un bel lotto di 50 DL nella più popolare colorazione Verde Mela.
A destra, il motore della 50 DL era lo stesso della J50 a parte i rapporti al cambio.

Left, a fine batch of 50 DLs in the popular Apple Green colour. Right, the engine of the 50 DL was the same as that of the J50 apart from the gear ratios.

Una rarissima immagine originale a colori della 50 DL, questa volta nella poco diffusa tinta Bianco Nuovo. Si tratta di un'ultima versione con il bordo in alluminio allo scudo.

A very rare original colour shot of the 50 DL, this time in the relatively rare New White livery. This was the last version with the aluminium profile on the leg shield.

With the introduction of the new model, the chassis number prefix changed to 50DL, while the initials J 50 remained on the engine.

The De Luxe was well received by the 14-year-old public because it was certainly better equipped than the Vespa 50, while its 10-inch wheels, gave the impression of a larger model.

Total production was 28,852 units, almost all of which were destined for the Italian market alone.

The most popular colours were Aquamarine Blue and Apple Green, with New White much less sought after.

50 Special

L'ultimo rinnovamento della serie Junior venne presentato nella primavera del 1970; si tratta della 50 Special, un modello con un taglio più giovanile e sportivo destinato prevalentemente al mercato italiano dei giovani quattordicenni.
La base di partenza fu la 50 De Luxe, che venne opportunamente aggiornata per essere sempre attuale e in linea con i nuovi gusti dei ragazzi italiani.
La modifica più appariscente fu l'adozione di una bellissima sella lunga bicolore, completata con una robusta maniglia di sollevamento, che dava un tocco di sportività alla 50 Special.
I cofani laterali furono modificati spostando in avanti i fregi in alluminio, che ora avevano cinque punte al posto delle tre del modello precedente.

A sinistra, la versione color Ocra fu quella meno gradita al giovane pubblico Italiano. L'immagine facava parte della campagna pubblicitaria con lo slogan: "Compagna Lambretta".

Left, the ochre colour was the least popular with the young Italian public. This image was part of the advertising campaign with the slogan: "Compagna Lambretta".

JUNIOR

50 Special

The final update of the Junior series was presented in the spring of 1970: the 50 Special was a model with a more youthful and sporting character, destined prevalently for the Italian market of 14-year-old youngsters.

The starting point was the 50 De Luxe, which was appropriately updated to bring it up to date and in line with the tastes of Italian youngsters.

The most eye-catching modification was the adoption of a beautiful two-tone long saddle, complete with a robust lifting handle that gave a sporting touch to the 50 Special.

The side panels were modified, with the aluminium trim moved forwards and having five points rather than the three of the previous model.

Nelle immagini a colori, due viste laterali di una 50 Special perfettamente conservata ed ora esposta al Museo Scooter&Lambretta di Rodano. Il colore Turchese fu la tinta più gradita e oggi la più facile da trovare.

In the colour shots, two side views of a perfectly preserved 50 Special, now on show at the Museo Scooter&Lambretta in Rodano. The Turquiose paintwork was the most popular livery and the easiest to find today.

Ultimo interessante aggiornamento fu l'applicazione di un tappeto di gomma nera al posto dei binari con i profili in pvc grigio.
Con la 50 Special tutti i profili in pvc della carrozzeria divennero neri, come per la serie maggiore DL, e per i gommini del cavalletto furono montati quelli semplificati del LUI 50/75.
Nuovi anche i colori della carrozzeria che era possibile ordinare in tre diverse tinte: Turchese, Rosso, Ocra.
Le appariscenti scritte che facevano bella mostra sullo scudo della 50 De Luxe vennero sostituite con dei loghi più contenuti, derivati dalla serie DL.
Con queste interessanti modifiche la 50 è diventata un modello sicuramente più vicino ai gusti dei ragazzi e la 50 Special ha conquistato subito il gradimento del pubblico giovanile italiano.
I numeri di produzione sono aumentati vistosamente già all'avvio della catena di montaggio del nuovo modello. Per fare un pratico esempio, negli ultimi nove mesi del 1969, la produzione media mensile della 50 De Luxe era di 516 macchine mentre negli ultimi nove mesi del 1970 la media della 50 Special è salita a ben 1.271 unità.
Con la 50 Special l'Innocenti avrebbe potuto

Cartolina della cartella stampa con la foto ufficiale per i giornalisti.

A postcard from the press pack with the official photo for the journalists.

Dalla vista frontale si può vedere come il logo Lambretta sia lo stesso che era stato utilizzato per la DL. L'ovale "J" centrale è simile a quello della DL ma ha la base più sagomata per copiare meglio la forma dello scudo.

The front view reveals that the Lambretta logo was the same as the one used on the DL. The central "J" oval is similar to that of the DL, but with the base shaped to follow the lines of the leg shield better.

JUNIOR

A destra, i fregi a 5 punte erano una novità in Innocenti; in tutti gli altri modelli erano stati utilizzati dei fregi a 3 punte. Sotto, il tappeto nero era incollato alla carrozzeria ed era prodotto dalla "GEV" di Torino, una ditta specializzata nella produzione di stampati in gomma e PVC.

Right, the five-pointed trim elements were a novelty for Innocenti; all the other models were fitted with three-pointed trim. Below, the rubber mat was prouced by the GEV firm of Turin and was applied to the footboard with a special glue.

The final interesting update was the fitting of a black rubber mat to replace the runners with profiles in grey PVC.
With the 50 Special, all the PVC beadings on the bodywork were changed to black, as with the larger DL series, while the simplified rubber tips from the LUI 50/75 were fitted.

combattere ad armi pari con la sua diretta concorrente Vespa 50, il prodotto aveva raggiunto un ottimo compromesso tra qualità e design, con una meccanica affidabile e un altrettanto valida guidabilità.

Purtroppo il delicato momento storico della fabbrica, con i continui scioperi voluti dai sindacati dei lavoratori, non consentì all'Innocenti di poter continuare la produzione con serenità e positività; e così, nel maggio del 1970, furono sospese tutte le attività del marchio Lambretta e la storia del nostro scooter italiano finì nella lontana India, dove continuò a essere prodotto ancora per più di trent'anni.

Nella parte interna dello scudo era applicato un adesivo con le norme del rodaggio, in questa Lambretta conservata si può vedere l'esatta posizione dove applicarlo.

A sticker was placed on the inside of the leg shield with the running-in advice; it can clearly be seen where it should be position on this well preserved Lambretta.

New paint colours were offered, with clients now being able to order the scooter finished in Turquoise, Red and Ochre.

The striking scripts that cut a fine figure on the leg shield of the 50 De Luxe were replaced with more sober logos, derived from the DL badging.

With these interesting modifications, the 50 became a model that was without doubt closer to the tastes of young people and the 50 Special immediately found a place in the hearts of Italian youngsters.

Production numbers rose significantly as soon as the new model's assembly line came on stream. For example, in the last nine months of 1969 the average monthly production of the 50 De Luxe was 516 examples, while in the final nine months of 1970, the average output of the 50 Special rose to no less than 1,271 units.

With the 50 Special, Innocenti would have been able to compete on even terms with its direct rival, the Vespa. The product had reached an excellent compromise between quality and design, mechanically reliable and equally good to ride.

Sadly, the delicate situation the manufacturer was facing, with the continual strikes called by the workers' unions, prevented Innocenti from continuing production with the necessary positive outlook. In May 1970, all Lambretta production was suspended and the setting for the story of our Italian scooter moved to India, where it continued to be produced for more than 30 years.

La sella lunga era un capolavoro di sportività ed eleganza. Il pratico maniglione posteriore era un valido aiuto per mettere sul cavalletto la Lambretta.

The long saddle was a masterpiece of sporting elegance. The practical rear grab handle was very useful when putting the Lambretta on its stand.

Pubblicità

La Super Star Stream "osserva" il tuffo in piscina di un giovane atleta.
Sotto, la Baby al mare. La sella è del tipo separata a due posti, adottata, a richiesta, solo sulla primissima versione della Cento.
Anche gli ecclesiastici potevano divertirsi in sella alla "Baby"!

*The Super Star Stream "observes" a young athlete's dive into a pool. Below, the Baby at the seaside. The two separate saddles were an option on the earliest version of the Cento only.
Even priests could have fun aboard the "Baby"!*

Come già accennato in precedenza, le campagne pubblicitarie della serie Junior sono sempre state molto modeste e poco diffuse dai media dell'epoca. Sembrava che l'Innocenti non fosse particolarmente interessata a quella categoria di scooter; su *Motociclismo*, principale rivista del settore, la serie Junior fu poco promossa rispetto alla serie 125 e 150 Special, che invece appariva spesso nelle pagine pubblicitarie riservate all'Innocenti.

JUNIOR

Advertising

As previously mentioned, the advertising campaigns for the Junior series were always very modest and poorly distributed in the media of the time.

It seemed that Innocenti was just not particularly interested in that category of scooter. in Motociclismo the leading specialist magazine, there was little promotion of the Junior series compared to the 125 and 150 Special series, which instead often appeared in Innocenti's advertising pages.

The factory's official photographer, Dr. Zabban, took numerous shots of the Junior in different settings and with very modern and youthful approaches.

Despite all this extensive work, only very few of the photographs were used for promotional purposes,

Due neolaureati festeggiano la fine degli studi con una fiammante "Baby".
A destra, la "Cento" era uno scooter ben bilanciato e un distinto dottore controlla che sia veramente così.

*Two graduates celebrate the end of the studies with a brand-new "Baby".
Right, the "Cento" was a well-balanced scooter and a distinguished doctor checks that this was really the case.*

Comodo far shopping nel centro di Milano con una bella "Cento", pratica e facile da parcheggiare.

Shopping in the centre of Milan with an attractive "Cento", convenient, practical and easy to park.

Il fotografo ufficiale della fabbrica, il Dott. Zabban, fece numerosi *book* fotografici della Junior in diversi ambienti e con proposte molto moderne e giovanili. Di tutto questo grande lavoro fotografico solo pochissime immagini sono state usate per la promozione pubblicitaria e la maggior parte sono rimaste nell'archivio senza mai essere pubblicate.

Finalmente, dopo più di 55 anni, possiamo apprezzare il grande impegno che fece Zabban per reclamizzare il nuovo prodotto Innocenti. Ho scelto una serie di scatti che ben rappresentano la mole di lavoro che lo impegnò per diversi mesi; purtroppo non fu preso nella giusta considerazione dalla dirigenza Innocenti, ma è comunque un'interessante testimonianza

JUNIOR

with most remained in the archives without ever being published.

Finally, after more than 55 years, we can appreciate the great efforts that Zabban made to promote Innocenti's latest product. I have chosen a series of shots that well represent the amount of work he put in for several months; unfortunately, it was not taken into consideration by the powers that be at Innocenti, but it is nevertheless an interesting historical testimony that will please many enthusiasts.

Cosa c'è di più bello che uscire da scuola e vedere la fidata Lambretta che ti aspetta per andare a casa?

What could be nicer that coming out of school and seeing your faithful Lambretta waiting to carry you home?

storica che farà piacere a molti appassionati.
Anche i volantini da distribuire ai Saloni sono stati molto modesti sia di quantità sia di qualità.
Inoltre ai giovani ragazzi, veri protagonisti dell'esplosivo mercato dei "cinquantini", non fu dato lo spazio che si meritavano e spesso si preferiva ritrarre persone più adulte, come se si volesse dare un segno di maturità alla piccola Lambretta J.
Questo grave errore di comunicazione è stata certamente una delle cause del modesto successo della J; in effetti, l'Innocenti si rese conto di questo imperdonabile sbaglio e, con il lancio della serie LUI, cambiò completamente strategia preparando una ricca serie di brochure, filmati e promozioni su tutti i media disponibili.

A sinistra, la famosa attrice Valeria Ciangottini ritratta felice in sella ad una "Cento". Sopra, un'allegra scampagnata in scooter è certamente un momento felice, ancor più se in sella ad una Lambretta! Sopra, la pista rossa Kart dell'Idroscalo di Milano è la perfetta location per questo scatto con due nuovissime J 125 3 marce.

Left, the famous actress Valeria Ciangottini portrayed happily aboard a "Cento". Above, a run in the countryside is always fun, all the more so if you're riding a Lambretta! Right, the red Kart track at the Idroscalo in Milan is the perfect location for this shot of two spanking new J 125 three-speeds.

JUNIOR

Even the flyers printed for distribution at the fairs were very modest in both quantity and quality. Furthermore, the youngsters, the true protagonists of the explosive market for 50 cc "cinquantini", were not given the space they deserved, and all too often older people were portrayed, as if the manufacturer was trying to lend a degree of maturity to the little Lambretta J.

This serious error of communication was certainly one of the causes of the J's modest success. To its credit, Innocenti did recognise this unforgivable mistake and, with the launch of the LUI series, it revolutionised its strategy by preparing a rich series of brochures, films and promotions exploiting all available media.

ragazzi, è per voi!

se avete compiuto 14 anni è arrivato
il momento di essere più liberi,
di scoprire da voi stessi il mondo che vi circonda:
è arrivato il momento della Lambretta J50!
Ora siete grandi e potete chiedere ai vostri genitori
questa prova di fiducia. State tranquilli
perchè loro sanno che lo meritate e saranno
orgogliosi del vostro senso di responsabilità. Papà
conosce bene la Lambretta e sa che è la più robusta
e la più sicura; la J50 poi,
è fatta apposta per voi giovani: si guida
senza patente e senza targa, ha la stessa carrozzeria,
stesse ruote della "125" e la velocità è contenuta
nei limiti prescritti dal codice della strada.
È così maneggevole, economica e divertente
che dovrete stare attenti a una sola cosa:
che non ve la usi sempre papà!

A fianco, certe volte per promuovere un nuovo prodotto si dicono anche delle bugie... J50 stesse ruote della 125? Le 2.75x9 non sono le 3.00x10!
A destra, sinceramente non so cosa possa esserci di eccitante nel guidare una Cento, ma facciamo finta che sia stato veramente così.

*Right, sometimes a few untruths are told to promote a new product... J50 with the same wheels as the 125? The 2.75x9s are not the 3.00x10s! Above, the comic actors Ric and Gian lending their star power to the '66 series of the 50J.
Right, I really cannot see what could be so exciting about riding a Cento, but let's make believe that it was really so great!*

JUNIOR

A sinistra, i due famosi attori comici Ric e Gian fanno da testimonial per la serie '66 della 50J.
Tre coloratissimi bolli per pubblicizzare la Cento in Inghilterra con lo slogan "Viva Cento!".
A fianco, per conquistare una bella ragazza la 50 DeLuxe era sicuramente un valido aiuto!

Three brightly coloured bubbles to publicize the Cento in Britain with the slogan "Viva Cento!" Far right, a 50 De Luxe was naturally of great help in attracting a girl!

J nel mondo

ISRAELE

In Israele la Lambretta era molto diffusa e apprezzata in tutto il Paese; la concessionaria ufficiale era la TAR di Tel Aviv che aveva tre sedi principali a Jaffa, Gerusalemme e Haifa e sedici punti vendita in tutta Israele. I modelli di 175 e 200 cc erano quelli più richiesti, mentre la versione 125 cc era poco diffusa. La nuova serie Junior si posizionava in un segmento più economico e popolare e si pensava che potesse essere interessante per quel particolare mercato.

Inizialmente fu importato un piccolo lotto di Cento per poi passare alla 125 4 marce e anche alla piccola 50J; per dare un tocco di novità, alla 125 si decise di applicare allo scudo il simpatico logo "Silver Star". Sinceramente non ho idea se questo logo fosse applicato anche alle 125 destinate ad altri mercati esteri perché non ho trovato documentazione in merito.

Nelle lettere che pubblichiamo il concessionario si lamentava delle spese di gestione della Cento che erano molto vicine a quelle della 150LI e, quindi, i potenziali clienti preferivano acquistare il modello più lussuoso perché la differenza di costi era minima.

Purtroppo non sono riuscito a reperire il registro delle vendite in Israele e non ho potuto farmi un'idea di quante J 50/100/125 siano state effettivamente vendute in quel Paese. Sicuramente pochissime anche perché il mercato israeliano era molto ricco ed esigente e la piccola Junior non era certo adatta a quel tipo di richieste

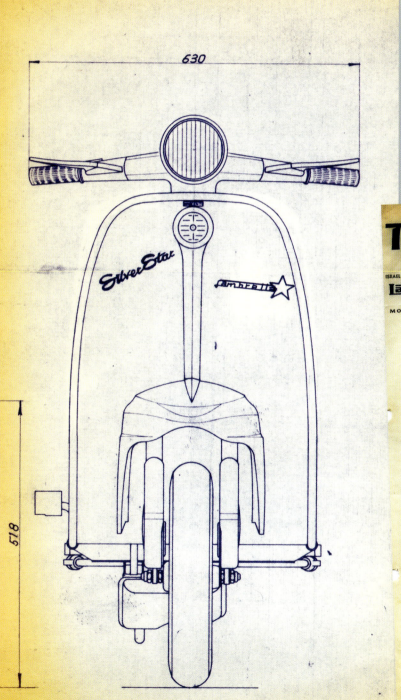

Disegno originale Innocenti che raffigura la vista frontale della 125 Super Star Stream con applicato il logo Silver Star.

An original Innocenti drawing depicting the front view of the 125 Super Star Stream with the Silver Star logo.

J in the world

Sotto, lettera del concessionario Tar di Israele dove si mette in evidenza la difficoltà di vendere i modelli di 125 cc a causa delle spese di gestione troppo vicine a quelle della 150.
A destra, listino prezzi del dicembre del 1967 destinato ai concessionari di Israele con i modelli J50 e 125. Notare che il prezzo della 150 LI era più basso di quello della 125 J Silver Star.

Left, a letter from the Israeli concessionaire Tar, highlighting the difficulty in selling the 125 cc models due to the running costs too close to those of the 150.
Above, the list prices for the J50 and 125 models from December 1967 destined for the Israeli concessionaires. Note that the price of the 150 LI was lower than that of the 125 J Silver Star.

ISRAEL

The Lambretta was very popular throughout Israel; the official concessionaire was TAR of Tel Aviv, which had three principal branches in Jaffa, Jerusalem, and Haifa and 16 dealers around the country.

The 175 and 200 models were the most popular, while there was relatively little demand for the 125. The new Junior series was positioned in a more economical segment and it was thought that it might be of interest on that specific market.

Initially, a small batch of Centos was imported before moving on to the 125 four-speed and the little 50J; to lend a novel touch, it was decided to apply the attractive "Silver Star" logo to the 125. Sincerely, I have no idea whether this logo was also applied to the 125 models destined for other international market having found no documentation supporting this possibility.

In the letters we have published, the concessionaire is complaining about the running costs of the Cento, which were very close to those of the 150 LI, which meant that client naturally preferred the more luxurious model given that the difference in purchase price was minimal.

Unfortunately, I have not been able to find sales records for Israel and so I have been unable to reliably quantify how many examples of the J 50/100/125 were actually sold in the country. It was certainly very few, in part because the Israeli market was very wealthy and demanding and the little Junior was hardly suited to that kind of clientele.

INDONESIA

Nel lontano oriente la Lambretta era stata da sempre molto apprezzata per le sue eccezionali doti di robustezza, stabilità e qualità dei materiali.

La grande diffusione del nostro italianissimo scooter portò alcuni Stati a richiedere la produzione su licenza per poter avere dei prodotti a prezzi più contenuti, eliminando così gli altissimi oneri doganali.

Prima fra tutte fu l'India, che già dalla fine degli anni '50 allestì un grande stabilimento per l'assemblaggio della serie D-LD e poi per la produzione in loco della serie LI.

Il problema più difficile da risolvere per l'avvio delle produzioni su licenza era la mancanza di personale specializzato in grado di eseguire lavori molto complessi come il montaggio di un motore e la sua messa a punto.

Per questa ragione l'Innocenti preferiva inviare il motore già montato e pronto all'uso e lo stabilimento licenziatario si limitava solo all'assemblaggio della carrozzeria con eventuale verniciatura.

In Indonesia, invece, grazie all'ottimo livello degli operai, si optò anche per il montaggio completo del motore, che arrivava dall'Italia smontato in ogni sua parte.

Decisamente imponente il negozio della fabbrica Lambretta a Giacarta, segno della grande popolarità che aveva il nostro scooter in quel Paese così lontano.

The Lambretta factory shop at Jakata was very impressive, a sign of the great popularity enjoyed by our scooter in that distant country.

L'elegante signora era la proprietaria della fabbrica, qui sta visionando il locale dove venivano studiate le modifiche specifiche per il mercato indonesiano.

The elegant lady was the owner of the factory, here she is inspecting the room in which the specific modifications for the Indonesian market were made.

JUNIOR

INDONESIA

In the Far East, the Lambretta had always been held in high esteem thanks to its exceptional robustness and stability and the quality of the materials used in its construction.

The great popularity of our so very Italian scooter led to requests from several states to produce it under license so as to eliminate the swingeing customs duties and permit more accessible pricing.

First and foremost, there was India, which in the late Fifties had already prepared a large factory for the assembly of the D-LD series and the local production of the LI series.

The most difficult problem to be overcome when launching production under license was the lack of specialised workers capable of performing complex takes such as the assembly of an engine and its fine tuning.

For this reason, Innocenti preferred to ship the engine ready to be fitted in the frames that were assembled and in some cases painted by the local licensee.

Sopra, in questo scatto possiamo notare i carter motore che arrivavano completamente nudi da Milano, con i soli silent-block montati e la piastra del cambio per l'allineamento dei perni. A destra, la piccola linea di montaggio dei motori, in un ambiente un po' disordinato che era tipico di quei Paesi orientali.

Above, in this shot we can see the crankcase which arrived unfinished from Milan, with just the silent blocks and the gearbox plate for the alignment of the pins fitted. Right, the small engine assembly line, in a compact factory typical of the Asian countries.

*A fianco, la titolare della fabbrica in compagnia del delegato Italiano della Innocenti, supervisore della produzione su licenza.
Sotto, un particolare modo di esporre le Lambretta, sicuramente non passavano inosservate! Notare il cartello service, un oggetto raro e sicuramente introvabile.*

*Left, the owner of the factory in the company of Innocenti's Italian delegate, the supervisor of production under license.
Below, an unusual way of exhibiting the Lambrettas, which certainly would not go unnoticed! Note the service sign, an object undoubtedly impossible to find.*

Fu così costruito un piccolo stabilimento a Giacarta deve venne impostata una linea di montaggio per la serie Junior e per il TriLambretta, lo speciale motofurgone con il cassone anteriore e la carrozzeria presi dalla DL.
Il modello scelto per l'avvio della produzione fu la versione più lussuosa della serie J, la 125 Super Star Stream, che tanto successo aveva ottenuto in Gran Bretagna.
Come già detto, lo scooter veniva inviato completamente smontato ma, nel caso della Indonesia, anche non verniciato. Per questa regione si può notare, nelle rarissime foto a colori, tinte della carrozzeria fuori serie che non furono mai utilizzate dalla Casa madre.
Purtroppo non sono riuscito a trovare dati di produzione di questa serie speciale ma, certamente, furono abbastanza consistenti visto l'alto numero di esemplari che si possono vedere nelle foto interne dello stabilimento.

Anche ai bimbi piaceva la Lambretta! I colori così sgargianti attraevano molto i futuri Lambrettisti.

Children loved the Lambretta too! The bright colours attracted many future Lambrettisti.

JUNIOR

In Indonesia instead, thanks to the availability of a skilled workforce, all the engine components were shipped from Italy and assembled locally.

A small factory was built at Jakarta where an assembly line was installed for the Junior series and for the TriLambretta, the special delivery truck with a front loading platform and the bodywork of the DL.

The model chosen for the launch of production was the most luxurious of the J series, the 125 Super Star Stream which had enjoyed such success in Great Britain.

As mentioned previously, the scooter was shipped completely knocked down and, in the case of Indonesia, unpainted. For this reason, non-standard liveries that were never used by the mother company can be seen in the very rare colour photos.

Unfortunately, I have been unable to find production figures for this special series, but without doubt they must have been fairly significant given the high number of examples that can be seen in the photos taken in the factory.

Un giovane operaio intento al montaggio dell'impianto elettrico. Notare che la guaina dei cavi che escono dal motore era nera mentre l'impianto era grigio.
A destra, lo spazio per immagazzinare i modelli finiti non era certo molto grande! Sullo sfondo si possono vedere un paio J125 con il telaio del tipo vecchio.

A young worker intent on installing the electrical system. Note that the sheath for the cables exiting the engine was black, while the system was grey. Right, the space for storing the finished model was not exactly large! In the background we can see a couple of J125s with the old frame.

India e Taiwan

Lambretta "Cento" e "Sunny FR" (India)

Dopo la vendita dell'intero stabilimento produttivo italiano della Lambretta, a seguito della sua chiusura, gli impianti furono spediti in India, in quanto acquistati dal governo indiano. Successivamente fu fondata una nuova società statale chiamata "Scooters India Ltd." ("S.I.L.") per produrre varianti per il mercato interno degli ultimi mezzi prodotti da Innocenti: Lambretta GP/DL, Lambro a 3 ruote e, successivamente, Lambretta J-Range.

Mentre la Innocenti produceva solo la J50 Special da 50 cc al momento della sua dismissione, S.I.L. decise di concentrarsi su una versione 100 cc a 3 marce, vagamente basata sulla Lambretta Cento italiana, piuttosto che su una versione 125 cc a 4 marce, probabilmente perché rappresentava un buon compromesso tra consumo di carburante e potenza, senza il costo aggiuntivo di una marcia in più. Ciò avrebbe dato all'azienda un punto d'appoggio nel mercato domestico dei "ciclomotori" a mezzi economici e di

Pubblicità della prima versione della Cento prodotta in India. Il manubrio era quello derivato dalla serie DL.

Advertising for the first version of the Cento produced in India. The handlebar was derived from the DL series.

La seconda versione si riconosce facilmente per il manubrio derivato dalla serie Special e per la "terribile" mascherina allo scudo anteriore.

The second version is easily recognisable thanks to the handlebar from the Special series and the "terrible" horn casting on the leg shield.

Una bella Cento in ottimo stato di conservazione; notare i mozzi ruota con quattro prigionieri al posto dei tre del modello Italiano.

An attractive Cento in fine condition; note the hubs with four studs rather than the three of the Italian version.

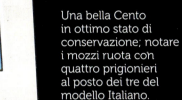

JUNIOR

India and Taiwan
Lambretta 'Cento' & 'Sunny FR' (India)

After the sale of the entire Italian Lambretta production plant, following its closure, the machinery was shipped to India, as it had been purchased by the Indian government. They subsequently set up a new state-owned company called 'Scooters India Ltd.' ('S.I.L.') to produce home-market variants of the last Innocenti-produced machines: Lambretta GP/DLs, 3-wheeler Lambros and later, Lambretta J-Ranges. Whilst Innocenti had been producing just the 50cc J50 Special at the time of its demise, S.I.L. decided to concentrate on a 3-speed 100cc version, loosely based on the Italian Lambretta Cento, rather than a 4-speed 125cc version - probably as it was a good compromise between fuel consumption and power, and without the additional cost of an extra gear. This would have given them a foothold into the home 'moped' market for cheap,

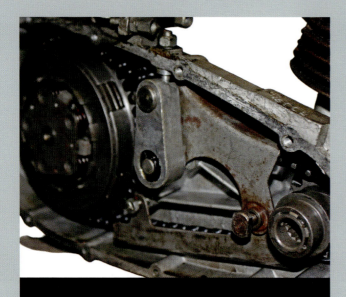

Il sistema di regolazione della catena per mezzo di una vite posta sopra il carter motore; una soluzione semplice ma molto efficace.
Sotto, per migliorare le prestazioni della Cento fu adottata una marmitta più voluminosa con una curva molto vicina al cavalletto.

*The system for adjusting the chain via a screw located above the crankcase; a simple but very effective solution.
Below, to improve the performance of the Cento, a large silencer was adopted, with a curving pipe very close to the stand.*

piccola cilindrata. Come per la maggior parte della produzione indiana di scooter, la data esatta in cui i primi modelli di S.I.L. Cento furono prodotti non è chiara, ma è generalmente riconosciuto che risalgano alla prima metà degli anni '80.
Piuttosto che produrre una copia diretta della J-Range di produzione italiana, la S.I.L. applicò alcune modifiche alle sue prime Cento, la più notevole delle quali fu l'adozione di un manubrio tipo GP/DL. Questo fu possibile grazie all'utilizzo di una forcella con piantone più lungo di 20 mm e cono di riduzione sotto cuffia. La decisione di non utilizzare i normali manubri J-Range fu intelligente, in quanto il Cento indiano sarebbe stato ottimizzato rispetto al modello italiano, con comandi migliori e intuitivi, meno vibrazioni grazie alle boccole interne in nylon, blocco dell'accensione e, soprattutto, migliore illuminazione grazie al faro di diametro maggiore.
Non sorprende che il telaio indiano della Cento fosse quasi identico all'italiano J50 Special, poiché quelle erano le presse inviate da Innocenti. Ciò significava che il Cento della S.I.L. aveva scudi di tipo stretto e un'estremità posteriore curva, piuttosto che scudi di tipo largo e il supporto del sedile posteriore a "coda di pesce" utilizzato sulle Cento italiane. Le selle singole erano montate di serie sulla maggior parte degli esemplari e il pannello laterale lato volano era rinforzato per resistere all'uso di una pedana passeggero ribaltabile.
Altre modifiche erano principalmente meccaniche, poiché il motore a 3 velocità incorporava silentblock integrali (le Cento italiane avevano coni semplici), un albero motore unico e di diversa larghezza, nuovi rapporti del cambio, accensione a 12 V (a punti) e un carburatore "Mikarb" da 16 mm di fabbricazione indiana con una vaschetta galleggiante remota. La grande molla della sospensione posteriore incorporava anche un grande blocco di gomma nella parte superiore, sempre per contribuire a ridurre le vibrazioni.
Non molto tempo dopo furono apportate varie altre modifiche estetiche, tra cui l'inserimento di un

A fianco, vista del lato destro della Cento seconda serie; il porta ruota posteriore non sembra certo "disegnato dal vento".
Sotto, per rinforzare i cofani furono saldate traverse verticali in lamiera stampata: un'ottima idea perché capitava spesso che i cofani si crepassero a causa delle vibrazioni.
A destra, molto ottimistico il tachimetro con scala a 120 Km/h...

JUNIOR

Right, a view of the right-hand side of the second series Cento; the spare wheel carrier was hardly "designed by the wind". Below, vertical sheet metal cross members were weldded in place to reinforce the side panels: an excellent idea as the panels frequently cracked due to vibrations. Right, the speedometer reading up to 120 kph was very optimistic...

small-capacity machines. As with most Indian scooter production, the exact date the first S.I.L. Cento models were produced is unclear but is generally recognised as being around the early-mid 1980s.
Rather than produce a straight copy of the Italian-manufactured J-Range, S.I.L. applied some modifications to their first Centos, the most notable of which being the adoption of a GP/DL type handlebar. This was possible thanks to the use of a fork with a 20mm longer column and an under-headset reduction cone. The decision to not use normal J-Range handlebars was intelligent, as their Cento would have been much improved over the Italian model, with better, user-friendly controls, less vibration thanks to the internal nylon bushes, an ignition lock and, importantly, better lighting thanks to the larger diameter headlight.
Unsurprisingly, the Indian Cento frame was nearly identical to the Italian J50 Special, as those were the presses sent by Innocenti. This meant the S.I.L. Cento had narrow-type legshields and a curved-type rear end, rather than wide-type legshields and the 'fishtail' rear seat support utilised on Italian Centos. Single saddles were fitted as standard to most machines and the flywheel-side sidepanel was reinforced to withstand the use of a fold-down passenger footplate.
Other modifications were mainly mechanical, as the 3-speed engine incorporated integral silentblocks (Italian Centos had simple cones), a unique, different width crankshaft, new gearbox ratios, 12V (points) ignition and a 16mm Indian manufactured 'Mikarb' carburettor with a remote float bowl was fitted. The large rear suspension spring also incorporated a large rubber block in its upper section, again to help reduce vibration.
Not long after, various other aesthetical modifications were made, including the fitment of a pressed steel horncover, a moving front mudguard (based on

clacson in lamiera stampata, un parafango anteriore mobile (basato sul tipo che la Innocenti montava sui modelli Super Starstream), un tappetino in gomma monoblocco con protezioni esterne della pedana in acciaio e un manubrio di tipo SX. La maggior parte dei Cento era ora dotata anche di un doppio sedile estremamente ampio, come quello utilizzato sui modelli della stessa S.I.L. Lambretta GP/DL, e indicatori direzionali "bodyline" (azionati da un interruttore di tipo LI Serie 3 modificato). Il motore da 98 cc da 4,5 CV rimase sostanzialmente inalterato.

La Cento indiana ottiene un discreto successo economico, con vendite (stimate) di poco inferiori alle 14.000 unità, esportate in varie parti del mondo. Ciò avrebbe spinto la Scooters India Ltd. a contattare la Honda con l'obiettivo di aiutare a dare alla sua Cento alcuni aggiornamenti, e l'ultima versione della J-Range fu ribattezzata "Sunny FR".

Oltre a un grande stemma montato sullo scudo raffigurante il nuovo nome, questa versione presentava anche un nuovo cavalletto centrale tubolare più spesso e un design della forcella completamente diverso, sempre basato su una versione utilizzata sui modelli GP / DL più grandi, con una coppia di ammortizzatori esterni monopezzo. Il miglioramento più evidente arrivò sotto forma di mozzi anteriori e posteriori a 4 prigionieri di nuova concezione, che ora consentivano il montaggio di ruote come quelle utilizzate sui normali modelli Lambretta a telaio largo. Alcune modifiche furono apportate anche al motore, con la luce del cilindro rivista, che ora produceva 1 CV in più, anche se eventuali modifiche apportate dalla S.I.L. rappresentavano un tentativo di migliorare il risparmio di carburante piuttosto che le prestazioni. Uno scarico completamente nuovo, con un tubo di scappamento in uscita a sinistra e un tendicatena superiore azionato esternamente erano ora caratteristiche standard. L'altezza delle alette del volano era stata aumentata nel tentativo di favorire il raffreddamento ed erano state prodotte nuove coperture per accogliere questa modifica.

Sfortunatamente, non tutti i cambiamenti furono di natura positiva. Stranamente, considerando l'ampio lavoro svolto dalla Scooters India Ltd. per ridurre le vibrazioni, i silentblock del telaio con boccole in gomma utilizzati in precedenza furono scartati sui Sunny FR, a favore di semplici piastre in acciaio. Questa fu probabilmente una decisione presa per risparmiare, che ebbe un effetto negativo sul comfort del pilota. Altri problemi per il Sunny FR erano che anche loro

La versione prodotta su licenza in Taiwan adottava i bellissimi fregi in alluminio della serie LI Special.
La Cento utilizzava il telaio rinforzato della 125 4 marce ma montava ancora lo scudo anteriore più ampio della serie precedente.

The version produced under license in Taiwan adopted the very attractive aluminium trim of the LI Special series. The Cento used the reinforced frame of the 115 four-speed but was still fitted with the voluminous leg shield of the earlier series.

the type fitted by Innocenti to their Super Starstream models), a one-piece rubber floormat with external steel footboard protectors and an SX-type handlebar. Most Centos were now also fitted with an extremely large dual seat, as used on their stablemate S.I.L. Lambretta GP/DL models and directional 'bodyline' indicators (operated by a modified LI Series 3 type switch). The 4.5bhp 98cc engine remained largely unaltered.

The Indian Cento achieved moderate economic success, with (estimated) sales figures of just under 14,000 machines, with them being exported to various parts of the world. This would have prompted Scooters India Ltd. to contact Honda with an aim to assist in eventually giving their Cento model some upgrades, and the last version of their J-Range was renamed 'Sunny FR'.

Apart from a large legshield mounted badge depicting the new name, this version also featured a new, thicker tubular centre stand and a completely different fork design, again based on a version used on the larger GP/DL models, with a pair of one-piece external dampers. The most notable improvement came in the form of newly designed 4-stud front and rear hubs, now allowing the fitment of wheels as used on normal large-frame Lambretta models. Some changes were also applied to the engine, with revised porting to the cylinder, which now produced an extra 1bhp, albeit any changes made by S.I.L. would have been in an attempt to improve fuel economy rather than performance. An all-new exhaust,

Due belle viste della Girnar 150 prodotta in india: un perfetto matrimonio tra una Vespa e una Lambretta. Ma una domanda nasce spontanea: se devo andare ad un raduno con la Girnar, vado ad una manifestazione vespistica o lambrettistica?

Two fine shots of the Girnar 150 produced in India: A perfect marriage between a Vespa and a Lambretta. However I do have one question: should I decide to go to a rally with the Girnar, would it be an event for Vespisti or Lambrettisti?

erano afflitti dalla solita iattura di tutti i mezzi S.I.L. prodotti: stampaggi di carrozzeria scadenti, assemblaggio scadente e componentistica scadente, soprattutto delle parti elettriche.

Nonostante queste modifiche, e forse in parte non piccola per i problemi di produzione, la Sunny FR non raggiunse mai il successo del suo predecessore, e con una produzione (stimata) di soli 1200 esemplari prodotti, è oggi uno dei più rari modelli di Lambretta di produzione esistenti.

"Girnar 150" (India)

Poco si sa di questi stravaganti scooter prodotti dalla "Gujarat Narmada Auto Ltd." ("GNAL") in India, che utilizzava telai tipo Lambretta J-Range Sunny FR, acquistati da, o possibilmente fabbricati su licenza della Scooters India Ltd. Il Girnar 150 è davvero il crossover più strano possibile, con un telaio Lambretta pesantemente modificato accoppiato a motore, forcelle e pannelli laterali Vespa. Estremamente rari e relativamente sconosciuti anche nel paese di origine, furono prodotti in quantità estremamente ridotte nello stato indiano del Gujarat. L'esemplare mostrato qui, prodotto nel 1987, è nelle condizioni originali di come è stato trovato.

Lambretta "Cento" (Taiwan)

Nell'aprile del 1962, la Innocenti e la "Yue Long Motor Company Ltd." ("YLL") di Taipei firmarono un accordo tecnico per la produzione di scooter Lambretta. Considerando le dimensioni relativamente ridotte di Taiwan, può sorprendere che le Lambrette siano state prodotte lì su licenza e su così vasta scala. La maggior parte delle informazioni disponibili indica la produzione di Serie 3 per il mercato interno, ma produssero anche la propria versione della Lambretta Cento da 100 cc. La letteratura di vendita taiwanese del periodo di solito raffigura immagini di mezzi con specifiche italiane, ma l'esempio visto qui è uno strano crossover, in quanto ha scudi di tipo largo (come i modelli Innocenti Cento), ma ha la parte posteriore del tipo J50/Starstream senza il supporto del sedile posteriore a "coda di pesce"; una combinazione che non è mai stata prodotta da Innocenti, che conferma così la produzione locale della YLL. Anche il parafango anteriore sembra essere molto più arrotondato.
Dean Orton

Ringraziamenti: Mille grazie a Paul Brierley di Scooter Restorations e Andy Gillard di ScooterNova Magazine per alcune delle informazioni e delle immagini che potete vedere qui.

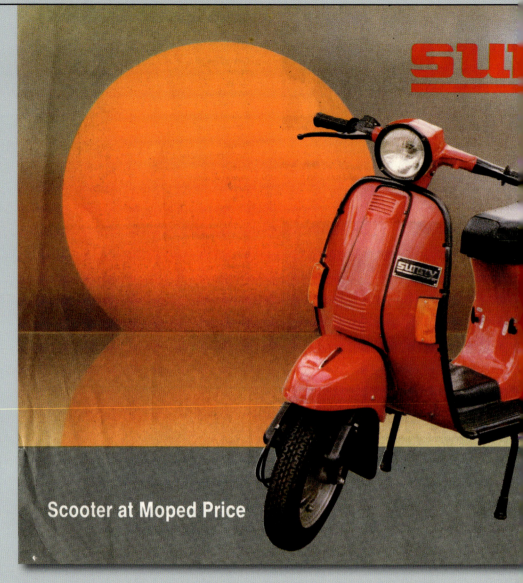

Negli ultimi anni di produzione la Cento cambia nome e diventa "Sunny", una denominazione più anglosassone e più vicina ai gusti della clientela Indiana.

In the final years of its production the Cento was renamed as the "Sunny", a nomenclature that was more Anglo Saxon and closer to the tastes of the Indian clientele.

with a left-hand exiting tailpipe and an externally operated top chain tensioner were now standard features. The height of the flywheel fins was increased in a bid to aid cooling, and new cowlings were produced to accommodate this modification. Unfortunately, not all the changes were of a positive nature. Strangely, considering the extensive work Scooters India Ltd. had carried out to reduce vibration, the previously used rubber-bushed frame silentblocks were discarded on Sunny FRs, in favour of simple steel plates. This was probably a money-saving decision that had a detrimental effect on rider comfort. Other problems for the Sunny FR were that they too were afflicted by the usual bane of all S.I.L. manufactured machines: poor quality bodywork pressings, shoddy assembly and sub-standard components, with the emphasis on the electrical parts. Despite these modifications, and perhaps in no small part to the production problems, the Sunny FR never achieved the success of its predecessor, and with (estimated) production figures of just 1200 examples manufactured, this now makes it one of the rarest production Lambretta models in existence.

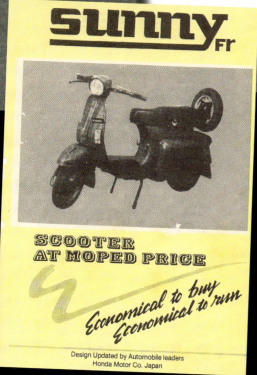

Molto interessante questo semplice depliant perché, a fondo pagina, viene dichiarato che lo sviluppo tecnico della Sunny fu seguito dalla Honda motor co. Sarebbe curioso sapere quali furono le proposte studiate dalla Honda per migliorare l'efficienza della piccola Sunny.

This simple pamphlet is very interesting as, at the bottom of the page, it is declared that the technical development of the Sunny was undertaken by the Honda Motor Co. It would be interesting to know what Honda proposed to improve the efficiency of the little Sunny.

'Girnar 150' (India)

Little is known about these oddball scooters produced by 'Gujarat Narmada Auto Ltd.' ('GNAL') in India, that utilised Lambretta J-Range Sunny FR type frames, either purchased from, or possibly manufactured under license from Scooters India Ltd. The Girnar 150 really is the strangest crossover possible, with a heavily modified Lambretta frame mated to a Vespa engine, forks, and sidepanels. Extremely rare and relatively unknown even in its country of origin, they were produced in extremely small numbers in the Gujarat state of India. The example shown here, manufactured in 1987, is in original, as-found condition.

Lambretta 'Cento' (Taiwan)

In April 1962, Innocenti and the 'Yue Long Motor Company Ltd.' ('YLL') of Taipei signed a technical agreement for the production of Lambretta scooters. Considering the relatively small size of Taiwan, it may come as a surprise that Lambrettas were produced there under license, and on such a large scale. Most information available points to the manufacture of Series 3 machines for the home market, but they also produced their own version of the 100cc Lambretta Cento. Period Taiwanese sales literature usually depicts images of Italian specification machines but the example seen here is a strange crossover, as it has wide-type legshields (as per Innocenti Cento models) yet it has the later J50/Starstream type rear end without the 'fishtail' rear seat support; a combination that was never produced by Innocenti, thus confirming local production by YLL. The front mudguard also appears to be much more rounded in appearance.

Dean Orton

Acknowledgements: Many thanks to Paul Brierley of Scooter Restorations and Andy Gillard of ScooterNova Magazine for some of the information and pictures seen here.

Curiosità

SCORTE INNOCENTI ALLA CHIUSURA

Il 1971 fu un anno particolarmente triste per tutti noi lambrettisti perché l'Innocenti decise di chiudere definitivamente le catene di montaggio della Lambretta. Nel mese di maggio fu prodotta solo la 50 Special in appena 162 unità; con questi ultimi esemplari termina questa grande storia nata nell'ottobre del 1947 e che ha visto la Lambretta conquistare il mondo con i suoi scooter, simboli indiscussi della più alta tecnica e del design italiano.

In questo periodo l'Innocenti cominciò a preparare tutti i documenti per la cessione degli impianti; un lavoro enorme che venne riassunto in tre grandi volumi che contenevano tutti i dettagli delle proprietà immobili, macchinari, scorte di magazzino e anche gli scooter Lambretta rimasti invenduti.

Durante le mie visite allo stabilimento sono riuscito a ritrovare questi importanti documenti e così possiamo capire qual era la consistenza dei mezzi rimasti in fabbrica al termine della produzione.

Incredibilmente fu la 50 Special a essere il modello con la quantità più consistente di esemplari rimasti invenduti: ben 3.576! In pratica un numero poco più alto degli ultimi sei mesi di produzione.

Sinceramente sono rimasto molto colpito di questa cifra così alta perché la 50 Special aveva avuto un ottimo riscontro da parte della clientela e faccio fatica a credere che il mercato si fosse improvvisamente fermato per un modello così attuale e sicuramente vicino ai gusti dei ragazzi di quel periodo.

Nell'elenco sono presenti anche 176 50DL ma questo è abbastanza credibile perché era un modello fuori produzione e quindi più difficile da commercializzare.

INNOCENTI STOCKS AT THE FACTORY CLOSURE

1971 was a particularly sad year for all of us Lambrettisti, with Innocenti deciding to shut down the Lambretta assembly lines permanently.

In the May of that year, only the 50 Special was produced in just 162 units; with these last examples this epic story that began in October 1947 and had seen Lambretta conquer the world with its scooters, undisputed symbols of the highest technology and Italian design, came to an end.

During this period, Innocenti began to prepare all the documents for the sale of the plant. This enormous task was summarised in three large volumes that contained all the details of the real estate, tooling, stocks, and even the unsold Lambretta scooters.

I managed to find these all-important documents when exploring the factory and they provide an overview of what was left in the factory when production ceased.

Incredibly, it was the 50 Special that was the model with the largest number of unsold units: 3,576! In effect, a number slightly higher than the production total over the last six months.

I have to say that this high figure is very surprising, as the 50 Special had been very well received by customers and I find it hard to believe that the market for a model that was so up-to-date and certainly close to the tastes of the young people of that period had suddenly disappeared.

The list also includes 176 50DLs but this is instead quite believable given that it was a discontinued model and therefore more difficult to sell.

JUNIOR

Curiosity

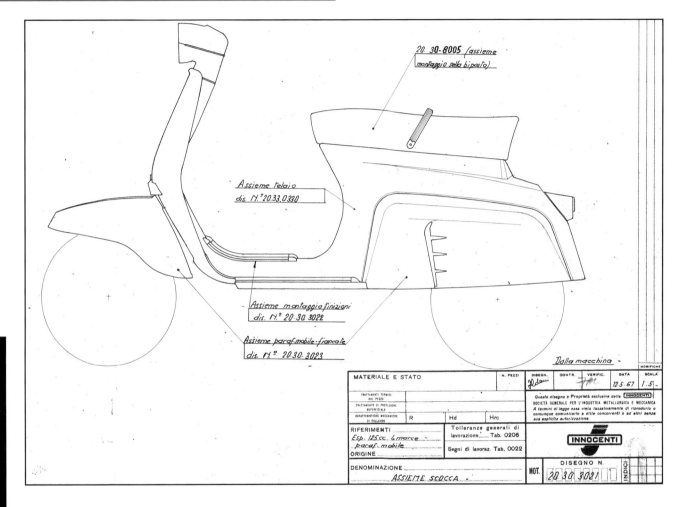

Questo importante documento ci racconta qual era la situazione commerciale della Innocenti alla chiusura definitiva della catena di montaggio Lambretta; si noti la grande quantità di motocarri in giacenza nei magazzini.

This important document provides us an overview of Innocenti's commercial situation at the final closure of the Lambretta assembly line; note the large quantity of delivery vehicles in storage in the warehouses.

STUDI E PROPOSTE

Come tutti i modelli Lambretta anche la serie Junior venne ampiamente aggiornata a migliorata nel corso della sua produzione.

Nell'archivio Innocenti ho potuto trovare molti di questi studi e anche numerose interessanti proposte che, purtroppo, non furono mai accettate dalla direzione commerciale.

PROJECTS AND PROPOSALS

Like all the Lambretta models, the Junior series was extensively updated and improved over the course of its production run.

I have found many of these projects in the Innocenti archives, along with fascinating proposals that, unfortunately, were never signed off by the sales department.

Fregi alle fiancate

Quando venne introdotta la serie 50 DL, con gli splendidi fregi alle fiancate, si pensò di adottare questa miglioria anche sulla versione Super Star Stream. Sarebbe stata una scelta corretta perché era la versione più lussuosa della serie Junior ed era più che giusto migliorare la finitura con attraenti fregi alle fiancate.
Come ben sappiamo la proposta non fu accettata e la 125 4m rimase con i semplici cofani della J50 del 1964.

Frecce

Negli anni '60, per alcuni mercati esteri, era richiesto il montaggio delle frecce di direzione. Questo utilissimo accessorio era già stato adottato dalla Innocenti su alcuni modelli della fine del decennio precedente per rendere la Lambretta più completa e ancor più sicura.
Chiaramente questo aggiornamento poteva essere montato solo sulla serie 100/125, che aveva un volano magnete più potente che poteva fornire la corrente necessaria per azionare l'impianto elettrico supplementare.
Come per gli altri modelli precedenti, la Innocenti si affidò alla Hella per l'approvvigionamento del materiale necessario. Quest'ultima era una azienda tedesca leader in questo settore, che poteva assicurare una garanzia assoluta di affidabilità. Interessante notare che la data del disegno è della fine del 1968, quando la Cento era già fuori produzione da quasi tre anni.

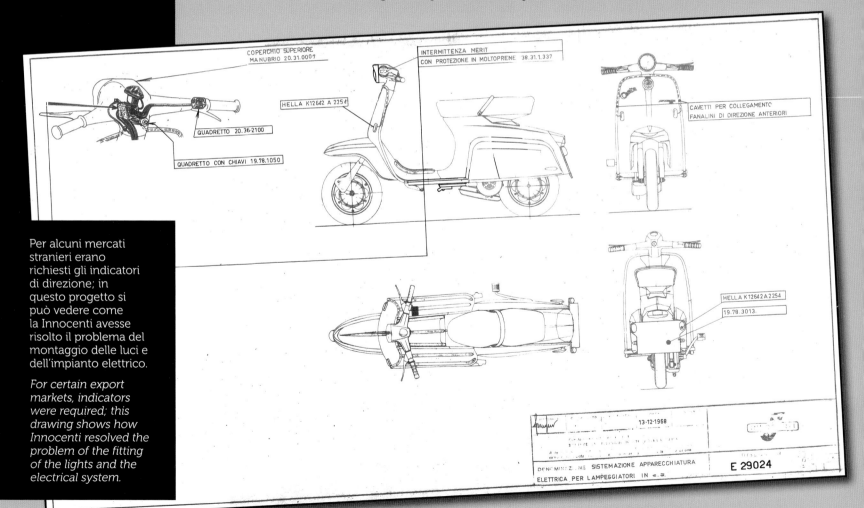

Per alcuni mercati stranieri erano richiesti gli indicatori di direzione; in questo progetto si può vedere come la Innocenti avesse risolto il problema del montaggio delle luci e dell'impianto elettrico.

For certain export markets, indicators were required; this drawing shows how Innocenti resolved the problem of the fitting of the lights and the electrical system.

JUNIOR

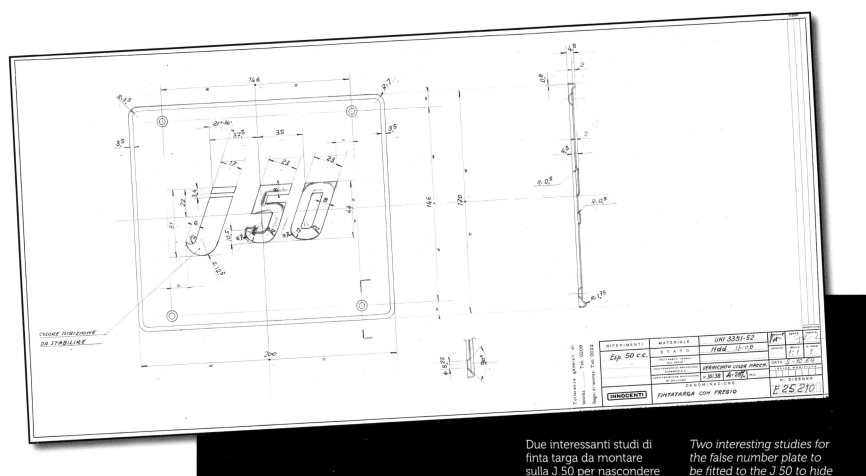

Due interessanti studi di finta targa da montare sulla J 50 per nascondere la struttura del telaio posteriore.

Two interesting studies for the false number plate to be fitted to the J 50 to hide the rear frame structure.

Side panel trim

When the 50 DL series was introduced, with the fantastic side panel trim, it was suggested that this improvement could be transferred to the Super Star Stream version too. It would have been a logical move given that this was the most luxurious version of the Junior series and it would have only been right to enhance its appearance with attractive trim elements.

As is well known, the proposal was not accepted and the 125 4m retained the plain side panels of the J50 from 1964.

Indicators

In the Sixties, several international markets required the fitting of direction indicators. This extremely useful accessory had already been adopted by Innocenti on several Lambretta models at the end of the previous decade, enhancing their specification and making them safer.

Clearly, this update could only have been fitted to the 100/125 series, which had a more powerful flywheel magneto that could supply the necessary current required for this supplementary electric circuit.

As with other earlier models, Innocenti sourced the necessary components from Hella, a leading German company in the sector which could guarantee absolute reliability.

It is interesting to note that the drawing dates from late in 1968, when the Cento had already been out of production for almost three years.

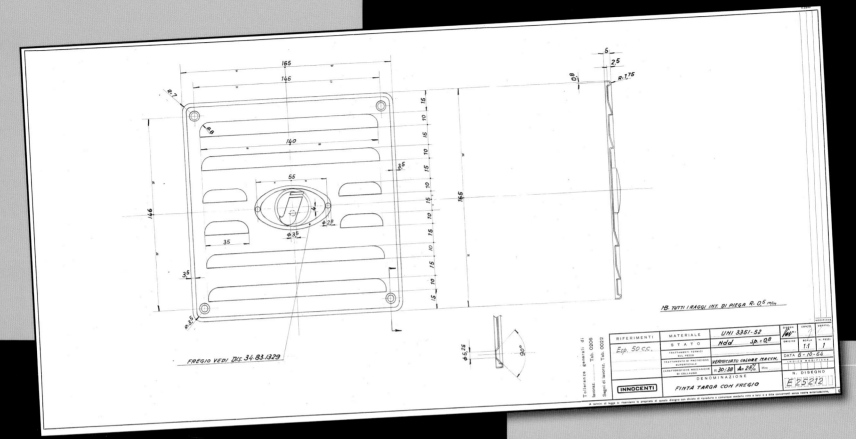

Fregio posteriore J50

Quando venne introdotta la 50J nel 1964 il suo telaio era direttamente derivato dalla Cento. La parte posteriore della carrozzeria era predisposta per il montaggio della targa che per la 50 non era prevista.

Si pensò, quindi, di mettere una lamiera di copertura per nascondere questa parte che, senza la targa, sarebbe rimasta a vista.

Non era certo un bel vedere un'anonima piastra in lamiera che faceva da tappo nella parte posteriore del telaio e così si pensò di ingentilirla con un coperchio più lavorato e con un bel logo cromato.

I due studi che ho trovato si riferiscono a questo particolare e sono convinto che sarebbero stati ben graditi dal pubblico.

Sono entrambi datati ottobre 1964, il mese di inizio della produzione della J50 ma, purtroppo, non vennero adottati e si preferì montare quella anonima piastra rettangolare di discutibile fattura.

Nel 1966 il problema fu brillantemente risolto montando una bellissima griglia in alluminio con al centro uno splendente logo J50.

Frizione automatica

La frizione automatica fu un'importante innovazione che venne adottata sugli scooter a partire dalla fine degli anni '30 quando, in America, fu presentato lo scooter Salsbury, dotato anche di cambio di velocità a pulegge variabili come i moderni scooter.

In Italia questa importantissima novità non ebbe mai seguito e furono pochissime le autovetture che potevano montare a richiesta la frizione automatica.

Nel campo dei ciclomotori, invece, ebbe una certa diffusione a partire dalla metà degli anni '50. Anche la Innocenti aveva studiato diverse soluzioni per adottare questo tipo di frizione ma, purtroppo, non riuscì mai a portarle in produzione a parte il ciclomotore Lambrettino di 39 cc.

Per la serie Junior fu studiata una trasmissione mista, cambio manuale-frizione automatica, tipica di alcuni scooter giapponesi come il Fuji.

JUNIOR

J50 rear trim

When the 50J was introduced in 1964, its frame was directly derived from that of the Cento. The rear part of the bodywork was configured for the fitting of a number plate that was not required on the 50.

It was decided to blank off this part with a sheet metal cover otherwise it would have remained exposed.

This anonymous plate filling in the rear of the frame was not the most stylish of solutions and suggestions were put forward for embellishing it with a more elaborate form and an attractive chrome badge.

I have found two studies referring to this detail and I am convinced that the Lambretta clientele would have liked the.

Both are dated October 1964, the month in which production of the J50 began, but sadly neither was adopted, with the firm preferring to fit that anonymous rectangular plate of dubious quality.

In 1966, the problem was brilliantly solved with a very attractive grille in aluminium with a sparkling J50 logo in the centre.

Automatic clutch

The automatic clutch was an important innovation that was adopted on scooters from the late Thirties when the Salsbury scooter was presented in America, a model also equipped with a continuously variable transmission system, like those of modern scooters.

In Italy, this crucial novelty was never taken up and very few vehicles could be fitted with optional automatic clutches.

In the field of mopeds, instead, it enjoyed a certain popularity from the mid-Fifties. Innocenti had also come up with several schemes for adopting this type of clutch but, unfortunately, never succeeded in taking them into production, with the exception of the 39 cc Lambrettino.

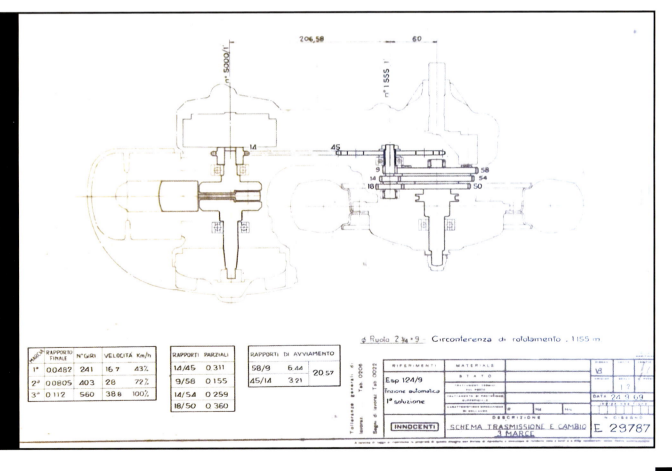

In questo schema per il posizionamento della frizione automatica si può notare che c'è un appunto per l'utilizzo dei pneumatici da 9 pollici. Molto strano perché siamo nel 1969 quando la 50 DL adottava già i pneumatici da 10 pollici.dida da scrivere

This drawing relating to the positioning of the automatic clutch has a note regarding the use of 9" tyres. This is very strange as it dates from 1969 when the 50 DL had already adopted 10" tyres.

Il disegno costruttivo è del settembre 1969 ed era destinato ai modelli DL e Special; si tratta sicuramente di un progetto preliminare per studiare una eventuale fattibilità.

Sospensione con anelli di gomma

Per ridurre il prezzo di vendita della nuova J50 si pensò di adottare, per la sospensione posteriore, elementi in gomma per compressione.
Questo semplice sistema di molleggio era stato già usato su altri veicoli, specialmente in Francia, ma aveva dato prestazioni non particolarmente interessanti e poco confortevoli. Comunque poteva essere una valida soluzione per economizzare i costi di produzione.
I test non furono positivi perché l'escursione del molleggio si era rivelata troppo modesta e anche il confort di marcia era decisamente scarso. Lo studio venne sospeso e si tornò alla cara e vecchia molla elicoidale, garanzia di robustezza e affidabilità.

Cilindro in alluminio

Per migliorare la resa del motore e poter utilizzare della miscela con una bassa percentuale di olio la soluzione ottimale era quella di adottare un cilindro in alluminio con canna cromata.
Chiaramente questa interessante innovazione era molto più cara del tradizionale cilindro in ghisa, ma migliorava notevolmente lo scambio termico con grandi benefici per il motore.
Durante le mie visite allo stabilimento Innocenti mi sono imbattuto in due di questi speciali cilindri in alluminio destinati alla versione 50 cc.
Non ho trovato alcuna documentazione in merito a questa interessante innovazione, per cui non posso dirvi se le prove tecniche avessero soddisfatto pienamente gli ingegneri Innocenti.

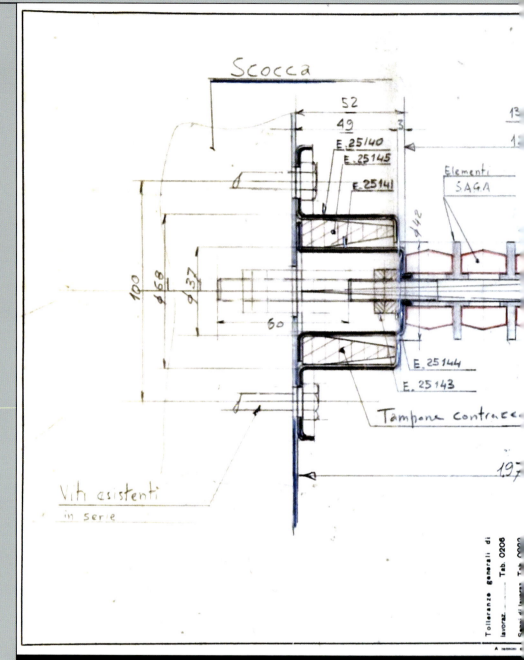

Un interessante studio per l'applicazione di un ammortizzatore posteriore in gomma.
Questa soluzione era già in uso in Francia su diversi scooter; era certamente una soluzione più economica rispetto alla molla con ammortizzatore idraulico, ma non venne approvata dall'ufficio tecnico Innocenti.

An interesting study for the fitting of a rear damper in rubber.
This feature was already in use in France on several scooters; it was certainly more economical than a spring with a hydraulic damper but was never approved by the Innocenti technical office.

JUNIOR

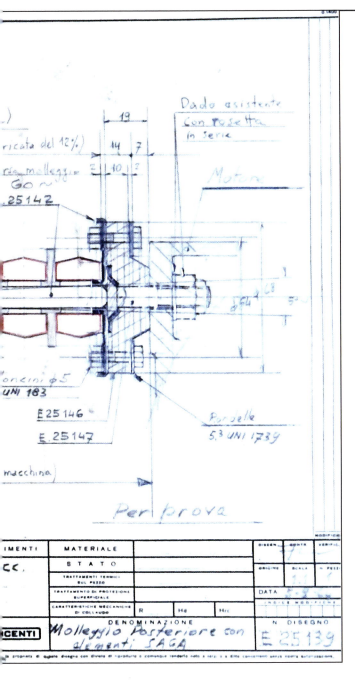

A hybrid transmission system was developed for the Junior series, with a manual gearshift and an automatic clutch typical of certain Japanese scooters such as the Fuji.
The engineering drawing dates from September 1969 and concerned the DL and Special models; it certainly refers to a preliminary feasibility study.

Rubber bush suspension

To reduce the list price of the new J50 the firm considered adopting rubber bushes as compression elements in the rear suspension.
This simple springing system had already been used on other vehicles, especially in France, although the results had not been of great interest, with comfort being compromised. However, it might have been a valid way of cutting production costs.
The tests were not positive as the spring travel proved to be too short and very little was offered in terms of rider comfort. The study was suspended in favour of the good old coil spring, a guarantee of robustness and reliability.

Aluminium cylinder

To improve the performance of the engine and use a particularly lean fuel-oil mixture, the optimal solution was to adopt an aluminium cylinder with a chrome-plated liner.
Clearly, this interesting innovation was much more expensive than the traditional cylinder in cast iron, but significantly improved the thermal exchange with great benefits for the engine.
During my visits to the Innocenti factory I came across two of these special cylinders in aluminium destined for the 50 cc version.
I have been unable to find any documentation regarding this fascinating innovation and cannot therefore say whether the technical trials fully satisfied the Innocenti engineers.

Il prototipo di cilindro in alluminio con riporto al Nikasil che avrebbero dovuto montare le nuove Junior degli anni '70.

The protoype aluminium cylinder with a Nikasil liner that was to have been fitted to the new Juniors of the 1970s.

IMBALLAGGI E SPEDIZIONI

Come già detto nei capitoli precedenti, la Cento e le successive versioni 125 3 e 4 marce furono commercializzate prevalentemente sui mercati esteri.
Per inviare gli scooter in sicurezza, la Innocenti fece predisporre delle gabbie in legno molto robuste per proteggere la Lambretta nei lunghi viaggi via nave o via treno.
A seconda dei mercati dove erano destinate, le Lambretta venivano preparate in modi diversi: potevano essere spedite intere e pronte da usare, semi smontate per ridurre il volume di spedizione oppure del tutto smontate per poi essere assemblate nel Paese di destinazione.

A sinistra, un interessante documento con i costi di spedizione della serie Junior; notare le destinazioni dalla parte opposta del mondo! Chissà se in quei Paesi così lontani ci sarà ancora qualche esemplare in circolazione?
A destra, per proteggerla dall'umidità e dalla polvere la Cento veniva completamente avvolta con una protezione in plastica trasparente.
Sotto, la gabbia in legno poteva contenere la Lambretta completamente montata. Questa soluzione era adottata per le spedizioni via mare.

Left, an interesting document with the shipping costs of the Junior series; note the destinations on the other side of the world! Who knows whether there are any examples still on the road in those distant lands?
Right, to protect it from damp and dust, the Cento was wrapped in a transparent plastic sheet. Below, the wooden crate could contain a fully assembled Lambretta. This solution was adopted for shipping by sea.

JUNIOR

Questo possente camion era pronto a ricevere un bel carico: tante nuove e fiammanti Lambretta per la gioia dei loro futuri proprietari.

This imposing lorry was ready for a fascinating load: Numerous brand-new Lambrettas to the delight of their future owners.

PACKAGING AND SHIPPING

As mentioned in the previous chapters, the Cento and the successive three- and four-speed 125s were prevalently destined for the international markets.

In order to ship its scooters safely, Innocenti had very robust wooden crates constructed to protect the Lambrettas on their long journeys by sea or train.

According to the markets to which they were sent, the Lambrettas were prepared in different ways: they could be shipped complete and ready to ride, partially dismantled to reduce shipping volumes or completely knocked down for subsequent assembly in their country of destination.

J125 Lambretta Amphi-Scooter

La Lambretta Amphi-Scooter non è mai stata concepita per diventare un veicolo di produzione ed è stata costruita esclusivamente per scopi promozionali dagli importatori britannici, Lambretta Concessionaires. Philip Keeler, il responsabile delle pubbliche relazioni dell'azienda, aveva originariamente concepito l'idea di uno scooter anfibio, con l'intenzione di utilizzarlo durante un evento a Brighton. Furono costruiti due anfi-scooter, ma principalmente lo scooter utilizzato era una Lambretta J125 a 3 velocità targata "52DOY", che era un mezzo "da lavoro", precedentemente utilizzato dai giornalisti per testare il modello quando fu presentato per la prima volta nel 1965.

Due tavole da surf incernierate erano attaccate ai lati dello scooter tramite una serie di tubi, e potevano essere facilmente ripiegate e bloccate in posizione, permettendo così alla Lambretta di entrare in acqua. Il tubo di scarico fu esteso e rialzato per tenerlo lontano dall'acqua e delle lame metalliche furono saldate all'esterno dei cerchioni della ruota posteriore, per fungere da semplice pagaia. Lo sterzo doveva avvenire tramite la ruota anteriore, che fungeva da timone rivolto in avanti.

Nonostante alcuni problemi durante la prima fase dei test nel porto di Portsmouth (durante i quali effettivamente affondò!), Rex White, uno dei rappresentanti tecnici dei Concessionaires, portò avanti l'idea e mise a punto alcuni dei problemi, riducendo ad esempio il peso delle tavole da surf utilizzate come galleggianti laterali. Altre modifiche includevano una presa d'aria rialzata rivista per il volano, che sarebbe servita anche a mantenere asciutta l'accensione. Tony Tessier, che all'epoca lavorava presso i Concessionaires, ha ricordato che lo scooter fu successivamente rivisto con un semplice sistema a getto d'acqua che lo rendeva quasi troppo veloce sull'acqua, considerando che era già instabile e difficile da usare anche nella sua versione più lenta.

Rex fu la persona che guidò lo scooter all'evento di Brighton, con tanto di passeggera nientemeno che in bikini, e la Lambretta apparve su varie riviste dell'epoca. Come mezzo per attirare la pubblicità, funzionò sicuramente. Lo scooter fu utilizzato con grande successo in altri eventi e raduni di scooter in tutto il Regno Unito nel 1966 e apparve persino in TV, partecipando al programma per bambini della BBC "Blue Peter", dove i presentatori lo portarono sul Tamigi. C'è anche un film interessante che si può vedere su YouTube, dove Jack Hornsby, proprietario della nota concessionaria Lambretta "Speedway of Acton", guida l'anfi-scooter sul fiume a Londra vestito da gentiluomo di città, con sua figlia come passeggero.

Alla fine il disastro avvenne quando lo scooter fu utilizzato da Doug e Marion Saunders del Bromley Innocents Lambretta Club per una dimostrazione su un laghetto durante un evento a cronometro per scooter al circuito di Mallory Park; lo scooter si capovolse parzialmente in acqua, a causa dell'errato bloccaggio di uno dei galleggianti.

Dean Orton

Grazie a Tony Tessier per le ulteriori informazioni

Non mancava certo di coraggio il felice pilota della Lambretta J anfibia. Però un bel salvagente di sicurezza io l'avrei portato... non si sa mai cosa poteva succedere!

The happy rider of the amphibious Lambretta J was certainly not lacking in courage. However, I'd have worn a proper lifebelt... you never know!

JUNIOR

J125 Lambretta Amphi-Scooter

The Lambretta Amphi-Scooter was never intended to become a production vehicle and was built solely for promotional purposes by the UK importers, Lambretta Concessionaires. Philip Keeler, the company PR Manager, originally conceived the idea for an amphibious scooter, with the intention that it would be used during an event in Brighton. Two amphi-scooters were built, but in the main, the scooter used was a 3-speed Lambretta J125 with registration number '52DOY', which was a 'works' machine that had previously been used by journalists to test the model when first released in 1965.

Two hinged surfboards were attached to the sides of the scooter via a series of tubes, and these could be easily folded down and locked into position, thus allowing the Lambretta to go waterborne. The exhaust tailpipe was extended and raised up to keep it clear of the water, and metal blades were welded to the outside of the rear wheel rims, to act as a simple paddle. Steering was to be via the front wheel, which acted as a forward-facing rudder.

Despite some problems during initial testing in the harbour at Portsmouth (during which it actually sunk!), Rex White, one of Concessionaires' technical representatives, pressed on with the idea and perfected some of the issues, such as reducing the weight of the surfboards used as lateral floats. Other modifications included a revised, raised air-intake for the flywheel, which would have also served to keep the ignition dry. Tony Tessier, who worked at Concessionaires at the time, recalled that the scooter was subsequently revised with a simple aqua-jet system - which almost made it too fast on water - bearing in mind it was already unstable and difficult to use even in its slower format.

Rex was the person who piloted the scooter at the Brighton event, complete with bikini-clad passenger no less, and the Lambretta was featured in various magazines of the period. As a publicity-attracting machine, it certainly worked. The scooter was used with great success at other events and scooter rallies all around the UK in 1966, and was even shown on TV, being featured on the BBC children's programme 'Blue Peter', where the presenters took it out onto the river Thames. There is also an interesting film that can be seen on YouTube, where Jack Hornsby, owner of the noted Lambretta dealership 'Speedway of Acton', rides the amphi-scooter out onto the river in London whilst dressed as a city gent, with his daughter acting as pillion.

Disaster finally struck when the scooter was used by Doug and Marion Saunders of the Bromley Innocents Lambretta Club for a demonstration on a small lake during a scooter time-trail event at the Mallory Park race circuit; the scooter partially capsized into the water, due to one of the floats being erroneously locked into place.   Dean Orton

Thanks to Tony Tessier for additional information

Per guidare l'Amphi scooter non occorre un pesante giubbotto Belstaff... basta un semplice bikini!

There was no need for a heavy Belstaff jacket when riding the Amphi scooter... a bikini weas fine!

50 DE LUXE, POLIZIA URBANA, COMUNE DI TRIESTE

La Lambretta 50 De Luxe è rimasta nei ricordi di molti triestini. Per anni, infatti, è stata lo spauracchio degli automobilisti, in particolare di quelli più indisciplinati, ma al contempo ha rappresentato una parte molto importante e suggestiva nella storia dei mezzi in dotazione all'allora corpo della Polizia Urbana.
Con due delibere, una del 13 dicembre 1968 e l'altra del 23 aprile 1969, il Consiglio Comunale della città di Trieste aveva approvato il rinnovo del parco mezzi della Polizia Locale e l'acquisto di trenta Lambretta 50 De Luxe comprensive di contachilometri, ruota di scorta e verniciatura speciale rosso amaranto, colore ufficiale di tutti i mezzi della Polizia Urbana della città. La spesa totale fu di 3.850.00 lire e ad aggiudicarsi l'appalto fu il concessionario Innocenti, la "Filotecnica Giuliana".
I mezzi acquistati furono ridipinti dalla Innocenti stessa o da qualche altra ditta dell'indotto milanese arrivando a Trieste già nella colorazione definitiva. A distanza di anni, nelle zone più usurate, dove si è assottigliata la vernice rossa, comincia ad apparire la pittura nel colore originale Bianco Nuovo.
Seguire la storia di questi mezzi, una volta arrivati a Trieste, è abbastanza semplice avendo una testimonianza diretta dei lavori eseguiti dall'allora giovane meccanico e oggi socio del club "Trieste in Lambretta", Silvio Pianigiani.
Ben presto però nacque un delicato problema: tutti i mezzi Innocenti non brillavano certo per prestazioni e spesso capitava che i proprietari, vista la particolare conformazione orografica di Trieste, modificassero l'apparato meccanico per usare al meglio il mini-scooter e renderlo più performante. Cosa fare, dunque, delle Lambrette destinate alla Polizia Urbana affinché non fossero seminate? Lasciarle così com'erano, originali e di fatto meno performanti dei mezzi privati o eseguire l'illegale modifica? Si optò per la seconda versione, confidando che nessun operatore andasse a smontare il motore in tempi successivi e sperando nella comprensione altrui.

9 agosto 1969, consegna Lambrette 50 DL al corpo della Polizia Urbana di Trieste.
A destra, la 50 DL in bella mostra nella grande piazza Unità di Italia a Trieste.

*9 August 1969, delivering the the Lambretta 50 DLs to the Urban Police force of Trieste.
Right, the 50 DL cutting a fine figure in Trieste's large Piazza Unità di Italia.*

Si procedette con l'alesatura del collettore di aspirazione da 8 a 14 mm ed eliminando i due perni sulla ghigliottina che impedivano la completa apertura del carburatore.
A quel punto le Lambrette finirono nella vicina carrozzeria Bensi, sita accanto alla concessionaria, che si occupò delle scritte "COMUNE DI TRIESTE" e "POLIZIA URBANA" sul lato destro dello scudo e sulla parte sotto il faro posteriore. Le scritte furono eseguite a mano con pennello e pittura bianca. I due stemmi della Città di Trieste erano, invece, adesivi.
Il 9 agosto 1969 le Lambrette furono portate in Piazza Unità d'Italia (da dove era partito il Raid Trieste-Istanbul del 1962) e consegnate ufficialmente alla Polizia Urbana, restando in servizio per quasi quindici anni.
Il club "Trieste in Lambretta", attraverso il lavoro e la passione dei suoi soci, si è impegnato nella conservazione e nel restauro di questo pezzo della storia cittadina portando le Lambrette amaranto ad ogni esposizione e raduno.
Dei trenta veicoli ne esiste ancora una decina tra collezioni private e musei.
Michele Pianigiani, socio del club Trieste in Lambretta e autore del libro Le Lambrette di Trieste e Andrea Di Matteo.

JUNIOR

50 DE LUXE, URBAN POLICE FORCE, CITY OF TRIESTE

The Lambretta 50 De Luxe is still remembered by many people in Trieste. For years, in fact, it was the motorists' bogeyman, particularly the more undisciplined ones; it was in fact a very important and evocative part of the history of the vehicles used by what was then the Urban Police force.

With two resolutions, one dated the 13th of December 1968 and the other the 23rd of April 1969, the City Council of Trieste had approved the renewal of the local police vehicle fleet and the purchase of thirty Lambretta 50 De Luxes, all boasting an odometer, a spare wheel and special amaranth red paintwork, the official colour of all the city's urban police vehicles. The total cost was LIT 3,850,000, with the Innocenti dealer, Filotecnica Giuliana, winning the contract.

The vehicles that were ordered were repainted by Innocenti itself, or perhaps by another company in the Milanese supply chain, arriving in Trieste already in their final livery. Years later, in the areas subjected to most wear, the red paint had thinned and allowed the original New White paintwork to show through.

Tracing the history of these vehicles, once they arrived in Trieste, is fairly easy, as we have the direct testimony of the work carried out by the then young mechanic and now a member of the "Trieste in Lambretta" club, Silvio Pianigiani.

A delicate problem soon arose: the Innocenti vehicles hardly shone in terms of performance and it was often the case that the owners, given the specific geographical conformation of Trieste, modified their mechanical specifications to make best use of the mini-scooters and make them perform better. What should be done, then, with the Lambrettas destined for the Urban Police so that they would not be left trailing? Leave them as they were, original and performing less well than similar private vehicles, or adopt the illegal modifications? The police force

JUNIOR

Due esemplari perfettamente restaurati dei soci del Lambretta Club Trieste, in esposizione ad una manifestazione storica Lambretta.
In alto, 13 giugno 1970, Festa del Corpo in Piazza Unità di Italia: le piccolo 50 DL sfrecciano orgogliosamente assieme alle possenti Moto Guzzi 500 Nuovo Falcone.

Two perfectly restored examples belonging to members of the Lambretta Club Trieste, on show at a historic Lambretta event.

Top, 13 June 1970, the police force parage in Piazza Unità di Italia: the little 50 DLs ran proudly together with the powerful Moto Guzzi 500 Nuovo Falcones.

went with the second option, trusting that no one would go and dismantle the engine at a later date and hoping for the understanding of others.

They proceeded by boring out the intake manifold from 8 to 14 mm and eliminating the two pins on the slide that prevented the carburettor from fully opening.

The Lambrettas were then taken to the neighbouring Bensi body shop, located next door to the dealer, which took care of the lettering "COMUNE DI TRIESTE" and "POLIZIA URBANA" on the right-hand side of the leg shield and on the part under the rear light. The lettering was done by hand with a brush and white paint. The two coats of arms of the City of Trieste were, instead, stickers.

On the 9th of August 1969, the Lambrettas were brought to Piazza Unità d'Italia (from where the Trieste-Istanbul Raid of 1962 had started) and officially handed over to the Urban Police, remaining in service for almost fifteen years.

The "Trieste in Lambretta" club is committed to the preservation and restoration of this piece of the city's history, bringing the amaranth Lambrettas to every exhibition and rally thanks to the passion and commitment of its members.

Of the thirty vehicles, a dozen or so still exist in private collections and museums.

Michele Pianigiani, member of the Trieste in Lambretta club and author of the book Le Lambrette di Trieste and Andrea Di Matteo.

Lambretta J 50 prototipo 1961

Grazie al prototipo ritrovato presso lo stabilimento Innocenti, ora esposto al Museo Scooter&Lambretta di Rodano (MI), possiamo analizzare a fondo questo interessante progetto, innovativo sotto diversi punti di vista.

Il telaio è senza dubbio la parte degna di maggiore nota perché si stacca dalla tradizione Innocenti del tubo di grande sezione, in favore di una più economica struttura a carrozzeria portante, chiaramente ispirata alla diretta concorrente Piaggio.

Una bella immagine del primo prototipo assemblato e fotografato il 28-9-1961. Non ha ancora il portapacchi posteriore e i pulsanti per sganciare i cofani.

A fine shot of the first prototype, assembled and photographed on 28-9-1961. It is yet to feature the rear luggage rack and the side panel release buttons.

Lambretta J 50 prototype 1961

Questo esemplare è il n. 1 definitivo: è stato trovato all'interno dello stabilimento Innocenti senza la ruota anteriore. Provvisoriamente è stata montata una ruota del LUI che è molto vicina come estetica e misure all'originale.
A destra, la nostra Lambretta 50 esposta al Salone del Ciclo e Motociclo di Milano del 1961, lucida e scintillante! Notare la marchiatura in giallo dei pneumatici per evidenziare la marca Pirelli.

This example is No. 1 definitive: it was found in the Innocenti factory without the front wheel. Provisionally a LUI wheel was given that it was very close in style and size to the original.
Right, our Lambretta 50 exhibited at the Milan Cycle and Motorcycle Show in 1961, all polish and sparkle! Note the yellow marking on the tyres to highlighted the Pirelli brand.

Thanks to the prototype found at the Innocenti factory, now on display at the Scooter&Lambretta Museum in Rodano (MI), we can analyse in depth what was an interesting, and in several respects, innovative project.
The frame is undoubtedly the most noteworthy part because it breaks away from the Innocenti tradition of large-section tubes in favour of a more economical monocoque architecture, clearly inspired by the marque's great rival Piaggio.
This was a difficult and extensively debated decision. The Lambretta was known and appreciated throughout the world for its robust tubular frame and to go down the path of this different type of bodywork would have been seen as a move closer to the engineering concept underpinning the Vespa, the undisputed symbol of Piaggio's entire output.
However, the choice had been made and the design centre was fully committed to this new departure, of which it had no technical or practical experience. The aesthetics of the new Lambretta 50 were nonetheless highly innovative, squared off, with slim side panels boasting sporty yet elegant styling (which would later be adopted on the 175 TV 3rd series).

Fu una scelta difficile e ampiamente discussa. La Lambretta era conosciuta ed apprezzata nel mondo per la sua struttura con tubo di grande dimensione e percorrere la strada di questo diverso tipo di carrozzeria sarebbe stato visto come un avvicinamento al concetto costruttivo della Piaggio, simbolo indiscusso di tutta la sua produzione.

Ma ormai la scelta era stata fatta e il centro studi si impegnò a fondo in questo nuovo concetto costruttivo, di cui non aveva nessuna esperienza tecnica e pratica. La linea della nuova Lambretta 50 era comunque fortemente innovativa, squadrata, con i cofani laterali slanciati e abbelliti da un disegno sportivo ed elegante (che verrà poi adottato sulla 175 TV 3ª serie).

In ottemperanza del nuovo Codice della strada, la 50 era omologata per una sola persona e quindi il sedile era realizzato monoposto con l'aggiunta di un pratico portapacchi posteriore.

Stranamente non venne prevista una versione biposto per i mercati esteri; è probabile che questo modello fosse destinato unicamente a quello italiano.

La parte più interessante è certamente il motore, che si ispirava ai modelli di maggior cilindrata pur avendo soluzioni tecniche più raffinate.

Il gruppo termico di 49 cc, posizionato verticalmente, era di dimensioni minime ma con una testa ben disegnata, con le alette sagomate per migliorare il raffreddamento; stranamente si pensò di adottare sono tre prigionieri per il fissaggio del gruppo testa-cilindro.

Le luci del cilindro erano molto basse e larghe per favorire la coppia ai bassi regimi ma senza superare il limite di 1,5 CV imposto dal nuovo Codice della strada. Assolutamente innovativo era il sistema di aspirazione regolato con un piccolo pacco lamellare che indirizzava la miscela direttamente nel carter motore.

Con questo tipo di alimentazione si favoriva la regolarità di funzionamento e l'elasticità di marcia; non siamo a conoscenza del perché questa ottima scelta sia stata poi scartata perché sarebbe stata sicuramente vincente e apprezzata da tutti i Lambrettisti.

Il carburatore e l'impianto di aspirazione erano davvero di dimensioni minime, sembravano quasi dei giocattoli. Il carburatore non aveva il comando dello starter ma una levetta che azionava il cicchetto per arricchire la miscela in fase di partenza. Il filtro era in carta, ma decisamente sottodimensionato e difficilmente ispezionabile.

Da sinistra, il piccolo pacco lamellare è formato da una sola lamella in metallo con fermo di fine corsa; il gruppo cilindro aveva delle dimensioni particolarmente ridotte. Interessante la forma a "S" delle alette della testa, molto moderna per il periodo; il piccolo carburatore non aveva il comando starter ma solo un pulsante per incrementare la miscela nel cilindro.

From the left, the small reed valve was composed of a single metal reed with a stop; the cylinder barrel was particularly compact. The S-shaped finning on the cylinder head was interesting and very modern for the period; the small carburettor was not fitted with a choke, but just a tickler button to increase the mixture in cylinder.

JUNIOR

In compliance with the new Highway Code, the 50 was homologated for a just one person and so a single saddle was fitted with the addition of a practical rear luggage rack.

Strangely, no two-seater version was planned for international markets; it is likely that this model was only ever intended to be sold in Italy.

The most interesting part was certainly the engine, which was inspired by larger capacity models but had more refined technical features.

The 49 cc internal combustion unit, set vertically, was minimal in size but had a well-designed head, with finning designed to improve cooling; strangely enough, there were three studs for attaching the head-cylinder assembly.

The cylinder ports were very low and wide to favour torque at low revs but without exceeding the 1.5 hp limit imposed by the new Highway Code.

The highly innovative intake system was based on a small reed valve that directed the mixture directly into the crankcase.

This type of fuel feed favoured smooth, flexible running; we do not know why this excellent configuration was later discarded as it would certainly have been successful and popular with all Lambrettisti.

The carburettor and intake system were very small indeed, almost toy-like in appearance. The carburettor had no choke control but a tickler system to enrich the mixture at start-up. The filter was made of paper, but decidedly undersized and difficult to inspect.

Everything really was very small, minute even, and it is hard to believe today that a product of that size could be marketed.

The final drive relied on a simplex chain with no cush drive and a very narrow chain tensioner; I dare not imagine how long a component of that size and thickness would have lasted after a few tens of thousands of kilometres of use.

L'esile forcella anteriore lasciava scoperte le molle alla polvere e alle intemperie. A destra, il gruppo motore con il cilindro in posizione verticale; notare il fermo della leva avviamento simile a quello della LI 2ª serie.

The slim front fork left the springs exposed to dust and the elements. Right, the drivetrain assembly with the cylinder set vertically; note the starting lever stop similar to that of the LI 2nd series.

Dall'alto, la sigla del numero di motore significa: "E" esperimento, "M" motore, "122" n. del progetto, "01" numero progressivo del prototipo.
Il tendicatena è veramente di dimensioni super ridotte, del tutto sottodimensionato per la funzione che doveva avere.
Il foro d'ingresso del condotto di aspirazione è collegato direttamente nel carter dell'albero motore.

*From the top, the engine number translates as: "E" experimental, "M" engine, "122" project number, "01" progressive prototype number.
The chain tensioner is truly minute, severely undersized for the task it was intended to perform.
The intake manifold mouth is connected directly to the crankcase.*

Tutto era davvero molto piccolo e minuto e, oggi, si fa fatica a credere che si potesse commercializzare un prodotto di quelle dimensioni.
Per la trasmissione finale ci si affidò ad una semplice catena simplex senza nessun parastrappi e con un tendicatena strettissimo; non oso immaginare quanto avrebbe potuto durare un oggetto di quelle dimensioni e spessore dopo un uso di qualche decina di migliaia di chilometri.
La frizione era molto simile a quella della serie LI con la particolarità di avere solo due dischi e una sola molla centrale che manteneva unito il pacco frizione.
Anche il cambio era concettualmente identico ai modelli di maggior cilindrata a parte avere solo due marce e il comando al manicotto con un solo pattino.
Il volano magnete era invece la parte più tradizionale, con la ventola per il raffreddamento forzato e la bobina alta tensione all'interno dello stesso.
L'impianto elettrico era comandato da un interruttore a due posizioni con incorporato il pulsante del Claxon e quello per spegnere il motore. Sull'esemplare in nostro possesso l'interruttore era fissato ad una basetta in legno, che fungeva da spessore; è sicuramente un adattamento in attesa del progetto definitivo.
Per concludere la nostra analisi notiamo che per le ruote fu scelta la misura di 3.00 x 10, che poi, inspiegabilmente, nella produzione di serie, fu ridotta a 2.75 x 9.
Particolarmente esile era anche la forcella anteriore, che lasciava scoperto il sistema di sospensione con molla elicoidale e non dava certo l'immagine di un oggetto solido e sicuro.
Come già detto, questo interessante progetto fu temporaneamente sospeso perché i test sul pubblico non furono confortanti e bisognerà aspettare fino al marzo del 1964 per vedere in produzione la serie "Cento", diretta discendente dello studio Lambretta 50.

JUNIOR

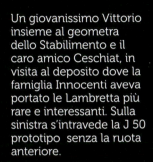

Un giovanissimo Vittorio insieme al geometra dello Stabilimento e il caro amico Ceschiat, in visita al deposito dove la famiglia Innocenti aveva portato le Lambretta più rare e interessanti. Sulla sinistra s'intravede la J 50 prototipo senza la ruota anteriore.

A very young Vittorio together with the factory surveyor and a great friend Ceschiat, visiting the the store where the Innocenti family had collected the rarest and most interesting Lambrettas. On the left, we can see the J 50 prototype without the front wheel.

The clutch was very similar to that of the LI series with the peculiarity of having only two discs and a single central spring holding the clutch pack together.

The gearbox was also conceptually identical to the larger models apart from having only two gears and a single sleeve shifter.

The flywheel magneto was instead the more traditional section, with the fan for forced cooling and the HT coil inside it.

The electrical system was controlled by a two-position switch with a built-in horn button and an engine kill switch. On the specimen in our possession, the switch was fixed to a wooden base, which acted as a shim; this is certainly an adaptation pending the final design.

In conclusion, it should be noted that a rim size of 3.00 x 10 was chosen for the wheels, which was then inexplicably reduced to 2.75 x 9 for the production model.

The front fork was also particularly slim, leaving the coil spring suspension system exposed and hardly providing an image of a solidity and safety.

As mentioned earlier, this interesting project was suspended because focus group results were not encouraging and it would be necessary to wait until March 1964 to see the "Cento" series, a direct descendant of the Lambretta 50, in production.

Gli accessori sono sempre stati amati da tutti i lambrettisti del mondo e alla nuova serie Junior non si poteva certo far mancare questi indispensabili oggetti, per renderla più sfiziosa... e anche più bella!
Tutte le tradizionali ditte italiane di accessori fecero a gara per proporre i modelli più belli e più originali. Chiaramente i più richiesti erano i classici portapacchi e porta ruota, le coppe cromate e i fregi alla forcella anteriore.
Meno popolari, ma oggi ben più ricercati, furono i fregi da mettere sullo scudo e sui cofani laterali, veri oggetti del desiderio per tutti i fanatici delle cromature super luccicanti.
L'azienda leader del settore era la Viganò di Inverigo (CO), che produceva una gamma completa di accessori per tutti i tipi di Lambretta; inoltre era la fornitrice ufficiale dell'Innocenti e questo le dava un tocco in più di originalità.
In Toscana la Super dei Fratelli Biondi era un'altra delle più titolate aziende in questo particolare settore motoristico. il suo catalogo era molto ricco con modelli piuttosto ricercati e di altissima qualità costruttiva.
Queste due aziende, insieme alla Ulma di Torino, erano considerate le migliori sul mercato e i loro prodotti erano molto diffusi in Europa, specialmente in Gran Bretagna dove gli accessori erano considerati

Gli accessori

A sinistra, una 50J prima serie super accessoriata con i prodotti Viganò.

Left, a first series 50J super-accessorised with Viganò products.

JUNIOR

Accessories

Accessories have always been popular with Lambrettisti the world over, and the new Junior series certainly could hardly be deprived of these indispensable items that would lend a personal touch and render the scooters even more attractive!

All the traditional Italian accessory manufacturers competed to offer the most eye-catching and original items.

Clearly the most popular were the classic luggage racks and wheel carriers, chrome-plated wheel covers and front fork trim.

Less popular, but far more sought-after today, were the trim elements to be applied to the leg shield and side panels, true objects of desire for all fans of bright chrome plating.

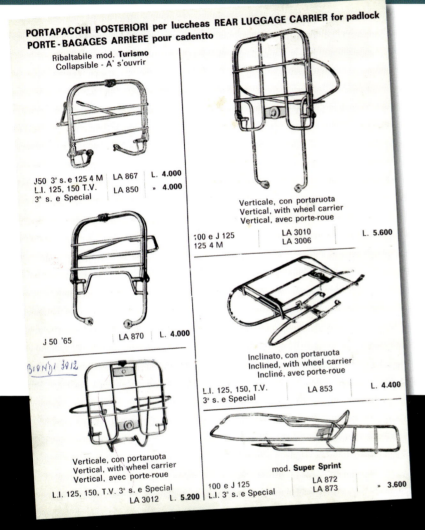
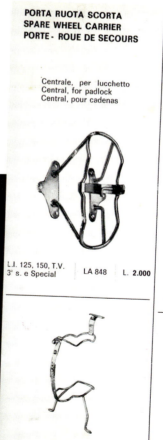
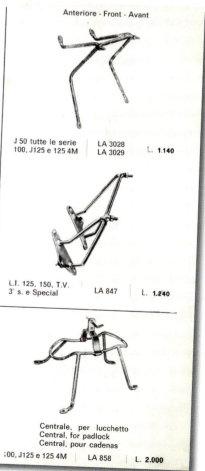

Sopra, una completissima serie di portapacchi era offerta dalla Super, segno della grande richiesta che c'era per questo tipo di accessorio.
A destra, il porta ruota era un accessorio indispensabile per chi voleva viaggiare in sicurezza. La versione fissata al centro pedana era molto sportiva ma anche molto scomoda.

Above, a comprehensive series of luggage racks was offered by Super, a sign of the great demand for this type of accessory.
Right, the spare wheel carrier was an indispensable accessory for those wishing for peace of mind. The version fixed to the centre of the footboard was very sporty but equally uncomfortable.

COPRIBILANCERI
SPRINGS COVERS
ENJOLIVEURS D'AMORTISSEUR

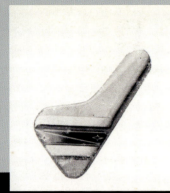

		coppia
J 50, 100, J 125 e 125 4M	LA 819	L. **1.200**
L.I. 125, 150, T.V. 3ª e 2ª serie e Special	LA 821	» **1.300**

APPOGGIAPIEDI SALVA - CARTERS

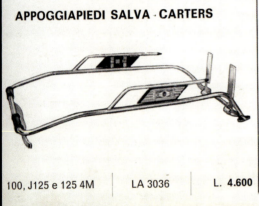

Salva-carters - Saver-carters
Protection de coffres

				coppia
100, J125 e 125 4M	LA 3036	L. **4.600**		
J 50, 100, J 125, e 125 4M			LA 839	L. **1.400**
T.V. 3ª s. e Special			LA 838	» **1.400**

APPOGGIAPIEDI LATERALE SINISTRO PER SIGNORA

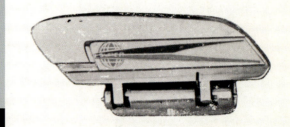

100, J125 e 125 4M	LA 3011	L. **2.400**

Top, left, front fork trim elements were very popular accessories, almost obligatory for enhancing your Lambretta.
Left, the perimetral trim was instead not particularly popular as it widened the bodywork and was inconvenient.
Above, a very dated accessory was the footrest for women preferring to ride side-saddle.
Below, there was little demand for trim to be applied to the side panels as it was very expensive.

In alto, molto popolari i fregi alla forcella anteriore, accessori quasi indispensabili per abbellire la propria Lambretta.
Sopra, i fregi perimetrali non erano invece particolarmente apprezzati perché allargavano la carrozzeria ed erano ingombranti.
Sopra, un accessorio decisamente datato il poggiapiedi per le donne che sedevano di fianco.
Sotto, i fregi da applicare ai cofani laterali poco richiesti perché molto costosi.

FREGI AI CARTERS - SIDE PANEL ORNAMENTS - ENJOLIVEURS DE COFFRES

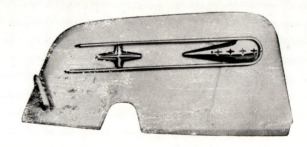

mod. **Stella**

J 50, 100, J 125, 125 4M, Special e T.V. 3ª s.	LA 846	L. **1.900** *ex 1900*
L.I. 125 e 150 3ª serie	LA 843	» **1.900** *" 1900*

dei veri e propri oggetti di culto e venerazione. Strangamente in Italia, leader nella produzione di accessori, questi simpatici oggetti non furono apprezzati nella giusta maniera; sulla serie Junior furono davvero modeste le vendite e ancora oggi è molto difficile trovare una Junior con applicati i classici accessori in voga in quel periodo.

JUNIOR

The leading company in the sector was Viganò of Inverigo (CO), which produced a complete range of accessories for all types of Lambretta; it was also an official supplier to Innocenti which was an extra feather in its cap.

In Tuscany, the Biondi brothers' Super was another of the most successful companies in this particular automotive sector. The Super catalogue was very extensive and included rather sophisticated models of the highest build quality.

These two companies, together with Ulma of Turin, were considered to be the best on the market and their products were very popular in Europe, especially in Great Britain where the accessories were considered true cult objects worthy of veneration.

Oddly, in Italy, a leader in the production of accessories, these attractive items were not appropriately appreciated; sales of the Junior series were very modest and even today it is very difficult to find a Junior with the classic accessories in vogue at the time.

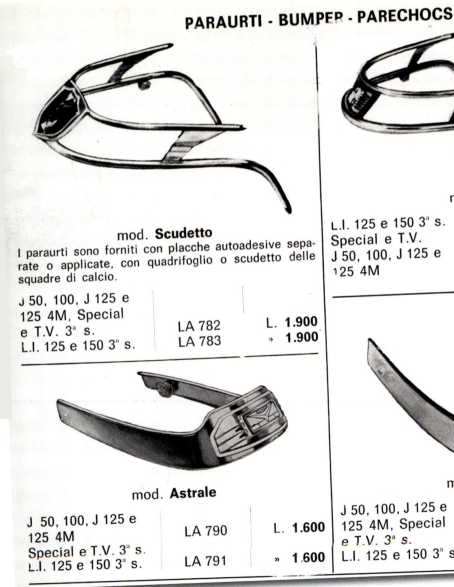
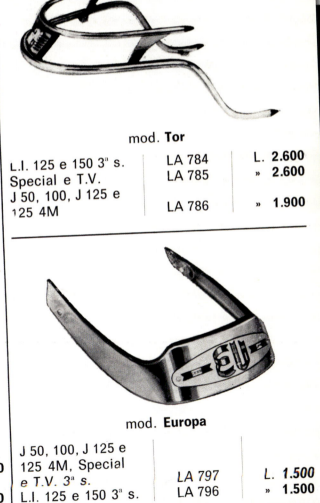

I paraurti anteriori, oltre ad abbellire lo scooter, erano una valida protezione in caso di piccoli urti.

Front bumpers, as well as being attractive offered valid protection in the case of minor collisions.

Note sui numeri di telaio e di motore

Considerazione sui numeri di telaio e motore 50 J

N. di partenza:
Per la 50 Junior viene riservato il numero di partenza 400.001, che vale sia per il motore che per il telaio.
Il modello '66, con il nuovo telaio rinforzato, parte dal numero 431.000 circa.

Coincidenza numeri Telaio/Motore:
La coincidenza tra i numeri di motore e telaio è molto precisa e proporzionata ai numeri di produzione. Difficilmente supera le 2.000 unità e spesso la diversità si avvicina a poche centinaia di numeri.

Posizione e tipo di numerazione:
La punzonatura del numero di telaio è sotto il cofano destro, sulla parte superiore piana del telaio, sopra il carburatore. La posizione del numero di motore è nella parte anteriore del carter, seminascosta dai cavi di comando.
Sia sul telaio che sul motore il prefisso è "J50".

Rapporto n. di telaio e n. di produzione:
Nella 50 Junior la progressione dei numeri di telaio segue fedelmente i numeri di produzione mensili; questa certezza ci consente di determinare con buona approssimazione il mese di produzione consultando i tabulati ufficiali Innocenti.

Numeri di produzione J50 / Production figures J50

Mese / Month		produz. / production	Totale / Total
1964			
ott.	Oct.	21	21
nov.	Nov.	1.628	1.649
dic.	Dec.	1.149	2.798
1965			
genn.	Jan.	1.265	4.063
febb.	Feb.	1.696	5.759
mar.	Mar.	2.345	8.104
apr.	Apr.	2.090	10.194
mag.	May	501	10.695
giu.	June	1.368	12.063
lug.	July	3.279	15.342
ago.	Aug.	1.121	16.463
sett.	Sept.	1.467	17.930
ott.	Oct.	1.240	19.170
nov.	Nov.	868	20.038
dic.	Dec.	1.344	21.382
1966			
genn.	Jan.	1.960	23.342
febb.	Feb.	2.442	25.784
mar.	Mar.	2.435	28.219
apr.	Apr.	339	28.558
mag.	May	1.507	30.065
giu.	June	221	30.286
lug.	July	531	30.817
ago.	Aug.	204	31.021
Inizio produzione telaio rinforzato			
Production of reinforced frame begins			
sett.	Sept.	1.936	32.957
ott.	Oct.	1.302	34.259
nov.	Nov.	1.580	35.839
dic.	Dec.	1.262	37.101
1967			
genn.	Jan.	1.687	38.788
febb.	Feb.	2.656	41.444
mar.	Mar.	2.972	44.416
apr.	Apr.	3.018	47.434
mag.	May	3.024	50.458
giu.	June	2.692	53.150
lug.	July	3.518	56.668
ago.	Aug.	494	57.162
sett.	Sept.	3.528	60.690
ott.	Oct.	3.375	64.065
nov.	Nov.	2.396	66.371
dic.	Dec.	1.632	68.003
1968			
genn.	Jan.	1.985	69.988
Totale produzione			69.988
Total production			69.988

Per tutti i modelli 50 cc il numero di motore aveva il prefisso J50, mentre per il telaio solo la J50 aveva questo prefisso.

The engine numbering of all the 50 cc models had the J50 prefix, while with regard to the frame number only the J50 itself had this prefix.

JUNIOR

Notes on frame and engine number

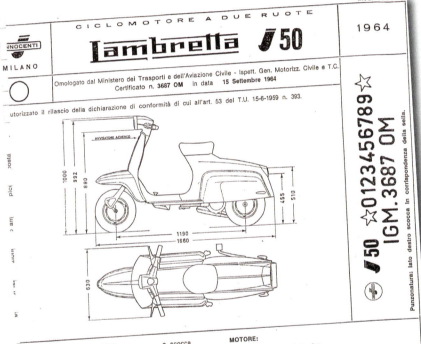

Notes on frame and engine numbers
JUNIOR 50

Initial numbering:
The 50 Junior was the given the starting number 400.001, which was applied to both engine and frame. The numbering of the '66 model with the new reinforced frame started from around 431.000.

Frame/Engine number coincidence:
The coincidence between the engine and frame numbers is very precise and proportionate to the production totals. It would be very rare to find a difference of over 2,000 units and in many cases it is no more than a few hundred.

Position and type of numbering:
The stamping of the frame number is under the right-hand side panel, on the flat upper part of the frame, above the carburettor. The engine number is instead located on the front of the crankcase, partly concealed by the control cables.
The same "J50" prefix accompanies both the frame and engine numbers.

Frame n. and production n. relationship:
With the Junior 50, the frame number progression faithfully follows the monthly production totals; this permits a reliable build month to be calculated on the basis of the official Innocenti records.

Considerazione sui numeri di telaio e motore JUNIOR 100

N. di partenza:
La serie Junior debutta all'inizio del 1964 con la 100; per questo nuovo modello viene riservato il numero di partenza 800.001, che vale sia per il motore che per il telaio.

Coincidenza numeri Telaio/Motore:
La coincidenza tra i numeri di motore e telaio è abbastanza vicina e proporzionata con i numeri di produzione; difficilmente supera le 4.000 unità

Posizione e tipo di numerazione:
La punzonatura del numero di telaio è sotto il cofano destro, sulla parte superiore piana del telaio, sopra il carburatore. La posizione del numero di motore è nella parte anteriore del carter, seminascosta dai cavi di comando.
Sia sul telaio che sul motore il prefisso è "100 LB".

Rapporto n. di telaio e n. di produzione:
Nella Junior 100, la progressione dei numeri di telaio segue abbastanza fedelmente i numeri di produzione mensili; questa certezza ci consente di determinare con buona approssimazione il mese di produzione consultando i tabulati ufficiali Innocenti.

Numeri di produzione JUNIOR 100
Production figures JUNIOR 100

Mese / Month	produz. / production	Totale / Total
1964		
mar. / Mar.	199	199
apr. / Apr.	773	972
mag. / May	1.368	2.340
giu. / June	2.975	5.315
lug. / July	4.375	9.690
ago. / Aug.	1.040	10.730
sett. / Sept.	3.014	13.744
ott. / Oct.	326	14.070
nov. / Nov.	2	14.072
dic. / Dec.	12	14.084
1965		
genn. / Jan.	-	14.084
febb. / Feb.	100	14.184
mar. / Mar.	100	14.284
apr. / Apr.	650	14.934
mag. / May	704	15.638
giu. / June	604	16.242
lug. / July	-	16.242
ago. / Aug.	-	16.242
sett. / Sept.	-	16.242
ott. / Oct.	400	16.642
nov. / Nov.	1.000	17.642
Totale produzione / Total production		**17.642**

Il prefisso della 100 era LB; purtroppo non sono ancora riuscito a capire il perché di questa strana sigla.

The prefix of the 100 was LB; unfortunately I have yet to discover why this code was chosen.

JUNIOR

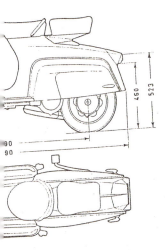

Notes on frame and engine numbers
JUNIOR 100

Initial numbering:
The Junior series made its debut early in 1964 with the 100; for the new numbering sequence started from 800.001, which was applied to both engine and frame.

Frame/Engine number coincidence:
The coincidence between the engine and frame numbers is fairly close and proportionate to the production numbers, with the difference rarely above 4,000 units.

Position and type of numbering:
The stamping of the frame number is under the right-hand side panel, on the flat upper part of the frame, above the carburettor. The engine number is instead located on the front of the crankcase, partly concealed by the control cables.
The same "100 LB" prefix accompanies both the frame and engine numbers.

Frame n. and production n. relationship:
With the Junior 100, the frame number progression fairly closely follows the monthly production totals; this permits a reliable build month to be calculated on the basis of the official Innocenti records.

Con questo numero di telaio possiamo datare questa Lambretta 100 verso la metà del 1964.

With this frame number we can date this Lambretta 100 towards mid-1964.

Numeri di produzione 125 Junior 3 marce
Production figures 125 Junior 3 speed

Mese Month	produz. production	Totale Total
1964		
sett. *Sept.*	186	186
ott. *Oct.*	2.838	3.024
nov. *Nov.*	1.880	4.904
dic. *Dec.*	1.579	6.483
1965		
genn. *Jan.*	730	7.213
febb. *Feb.*	1.254	8.467
mar. *Mar.*	2.180	10.647
apr. *Apr.*	1.578	12.225
mag. *May*	750	12.975
giu. *June*	560	13.535
lug. *July*	821	14.356
ago. *Aug.*	152	14.508
sett. *Sept.*	822	15.330
ott. *Oct.*	510	15.840
nov. *Nov.*	1.020	16.860
dic. *Dec.*	2	16.862
1966		
genn. *Jan.*	-	16.862
febb. *Feb.*	200	17.062
mar. *Mar.*	871	17.933
apr. *Apr.*	2.370	20.303
mag. *May*	1.325	21.628
giu. *June*	-	21.628
lug. *July*	-	21.628
ago. *Aug.*	-	21.628
sett. *Sept.*	23	21.651
Totale produzione		**21.651**
Total production		**21.651**

Considerazione sui numeri di telaio e motore JUNIOR 125 3 marce

N. di partenza:
Per la 125 Junior viene riservato il numero di partenza 600.001, che vale sia per il motore che per il telaio.

Coincidenza numeri Telaio/Motore:
La coincidenza tra i numeri di motore e telaio è molto precisa e proporzionata con i numeri di produzione. Difficilmente supera le 2.000 unità e spesso la diversità si avvicina a poche centinaia di numeri.

Posizione e tipo di numerazione:
La punzonatura del numero di telaio è sotto il cofano destro, sulla parte superiore piana del telaio, sopra il carburatore. La posizione del numero di motore è nella parte anteriore del carter, seminascosta dai cavi di comando.
Sia sul telaio che sul motore il prefisso è "J125".

Rapporto n. di telaio e n. di produzione:
Nella 125 Junior la progressione dei numeri di telaio segue fedelmente i numeri di produzione mensili; questa certezza ci consente di determinare con buona approssimazione il mese di produzione consultando i tabulati ufficiali Innocenti.

Con la versione 125 3 marce venne introdotta la sigla J davanti alla cilindrata, che sarà poi usata anche per la 50.

With the 125 three-speed, the J initial was introduced ahead of the displacement, later also used for the 50.

JUNIOR

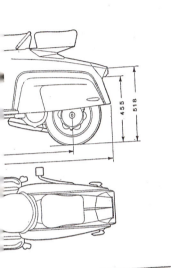

Notes on frame and engine numbers
JUNIOR 125 3-speed

Initial numbering:
The 125 Junior was the given the starting number 600.001, which was applied to both engine and frame.

Frame/Engine number coincidence:
The coincidence between the engine and frame numbers is very precise and proportionate to the production totals. It would be very rare to find a difference of over 2,000 units and in many cases it is no more than a few hundred.

Position and type of numbering:
The stamping of the frame number is under the right-hand side panel, on the flat upper part of the frame, above the carburettor. The engine number is instead located on the front of the crankcase, partly concealed by the control cables. The same "J125" prefix accompanies both the frame and engine numbers.

Frame n. and production n. relationship:
With the Junior 125, the frame number progression faithfully follows the monthly production totals; this permits a reliable build month to be calculated on the basis of the official Innocenti records.

Numeri di produzione 125 Junior 4 marce
Production figures 125 Junior 4 speed

Mese Month		produz. production	Totale Total
1966			
mag.	May	21	21
giu.	June	2.581	2.602
lug.	July	2.996	5.598
ago.	Aug.	988	6.586
sett.	Sept.	1.055	7.641
ott.	Oct.	889	8.530
nov.	Nov.	280	8.810
dic.	Dec.	-	8.810
1967			
genn.	Jan.	1.359	10.169
febb.	Feb.	64	10.233
mar.	Mar.	200	10.433
apr.	Apr.	306	10.739
mag.	May	-	10.739
giu.	June	500	11.239
lug.	July	-	11.239
ago.	Aug.	-	11.239
sett.	Sept.	-	11.239
ott.	Oct.	1	11.240
nov.	Nov.	300	11.540
dic.	Dec.	-	11.540
1968			
genn.	Jan.	645	12.185
febb.	Feb.	300	12.485
mar.	Mar.	400	12.885
apr.	Apr.	1.000	13.885
mag.	May	500	14.385
giu.	June	500	14.885
lug.	July	500	15.385
ago.	Aug.	-	15.385
sett.	Sept.	210	15.595
ott.	Oct.	300	15.895
nov.	Nov.	56	15.951
dic.	Dec.	100	16.051
1969			
genn.	Jan.	-	16.051
febb.	Feb.	-	16.051
mar.	Mar.	-	16.051
apr.	Apr.	1	16.052
Totale produzione			**16.052**
Total production			**16.052**

Considerazione sui numeri di telaio e motore JUNIOR 125 4m

N. di partenza:
Per la 125 Junior 4m viene riservato il numero di partenza: 150.001, che vale sia per il motore che per il telaio.

Coincidenza numeri Telaio/Motore:
La coincidenza tra i numeri di motore e telaio è molto precisa e proporzionata con i numeri di produzione. Difficilmente supera le 2.000 unità e in molti casi la differenza si avvicina a poche centinaia di numeri.

Posizione e tipo di numerazione:
La punzonatura del numero di telaio è sotto il cofano destro, sulla parte superiore piana del telaio, sopra il carburatore. La posizione del numero di motore è nella parte anteriore del carter, seminascosta dai cavi di comando.
Sul telaio il prefisso è "J125" mentre sul motore è "J125-4".

Rapporto n. di telaio e n. di produzione:
Nella 125 Junior la progressione dei numeri di telaio segue fedelmente i numeri di produzione mensili; questa certezza ci consente di determinare con buona approssimazione il mese di produzione consultando i tabulati ufficiali Innocenti.

NOTA
I veicoli a partire dal telaio n.° 1 sentano le seguenti varianti:

— Denominazione J 125-4
— Altezza massima 1030 mr
— Altezza filo superiore far
— Altezza filo inferiore far
— Cambio a 4 rapporti

    1° rapporto
    2° rapporto
    3° rapporto
    4° rapporo

— La velocità corrisponde risulta di 67,9 Km/h. (rapporto totale motore

JUNIOR

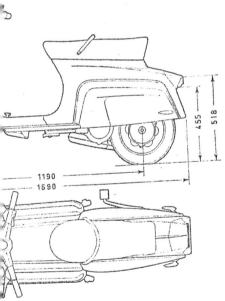

Notes on frame and engine numbers
JUNIOR 125 4-speed

Initial numbering:
The 125 Junior 4m was the given the starting number 150.001, which was applied to both engine and frame.

Frame/Engine number coincidence:
The coincidence between the engine and frame numbers is very precise and proportionate to the production totals. It would be very rare to find a difference of over 2,000 units and in many cases it is no more than a few hundred.

Position and type of numbering:
The stamping of the frame number is under the right-hand side panel, on the flat upper part of the frame, above the carburettor. The engine number is instead located on the front of the crankcase, partly concealed by the control cables. On the frame the prefix is "J125", while on the engine it is "J125-4".

Frame n. and production n. relationship:
With the Junior 125, the frame number progression faithfully follows the monthly production totals; this permits a reliable build month to be calculated on the basis of the official Innocenti records.

Il prefisso del telaio della nuova 125 4 marce rimase lo stesso della versione a 3 marce; solo sul motore venne modificato il prefisso in "J125-4".

The frame number prefix of the new 125 4m remained the same as the three-speed version; only with the engine number was the prefix modified to "J125-4".

Lambretta Innocenti

Considerazione sui numeri di telaio e motore 50 DE LUXE

N. di partenza:
La numerazione della 50 DL parte dal numero di telaio: 470.000 circa. Questa numerazione è valida sia per il motore che per il telaio.

Coincidenza numeri Telaio/Motore:
La coincidenza tra i numeri di motore e telaio è molto precisa e progressiva solo nella prima produzione. Con l'ingresso della 50 Special, i due modelli vengono punzonati con la medesima numerazione del telaio e quindi i numeri telaio-motore possono variare anche più di 10.000 unità.

Posizione e tipo di numerazione:
La punzonatura del numero di telaio è sotto il cofano destro, sulla parte superiore piana del telaio, sopra il carburatore. La posizione del numero di motore è nella parte anteriore del carter, seminascosta dai cavi di comando.
Sul telaio il prefisso è "50DL" mentre sul motore rimane "J50".

Rapporto n. di telaio e n. di produzione:
Nella 50 DL la progressione dei numeri di telaio segue fedelmente i numeri di produzione mensili solo nella prima produzione, fino agli inizi del 1970. Successivamente, con l'introduzione della 50 Special, la numerazione si sfalsa e non è più possibile determinare con buona approssimazione il mese di produzione.

Numeri di produzione 50 DL / Production figures 50 DL		
Mese / Month	produz. / production	Totale / Total
1968		
genn. / Jan.	366	366
febb. / Feb.	3.040	3.406
mar. / Mar.	1.704	5.110
apr. / Apr.	349	5.459
mag. / May	2	5.461
giu. / June	2	5.463
lug. / July	176	5.639
ago. / Aug.	327	5.966
sett. / Sept.	1.512	7.478
ott. / Oct.	2.573	10.051
nov. / Nov.	2.827	12.878
dic. / Dec.	2.219	15.097
1969		
genn. / Jan.	1.725	16.822
febb. / Feb.	1.264	18.086
mar. / Mar.	1.409	19.495
apr. / Apr.	1.185	20.680
mag. / May	136	20.816
giu. / June	-	20.816
lug. / July	1	20.817
ago. / Aug.	280	21.097
sett. / Sept.	982	22.079
ott. / Oct.	839	22.918
nov. / Nov.	609	23.527
dic. / Dec.	615	24.142
1970		
genn. / Jan.	1.002	25.144
febb. / Feb.	1.442	26.586
mar. / Mar.	1.505	28.091
apr. / Apr.	694	28.785
mag. / May	3	28.788
giu. / June	-	28.788
lug. / July	-	28.788
ago. / Aug.	-	28.788
sett. / Sept.	14	28.802
ott. / Oct.	50	28.852
Totale produzione / Total production		**28.852**

Con l'introduzione della 50 DL il prefisso del telaio venne aggiornato mentre quello del motore rimase invariato con il logo J.

With the introduction of the 50 DL, the frame prefix was changed, while the engine number was still unchanged with the J logo.

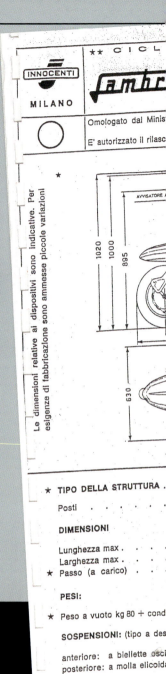

JUNIOR

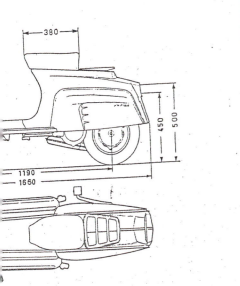

50 de luxe tipo 50 DL — Anno 1968, Aggiornato a Marzo 1970

MOTORE:
- ★ Denominazione o Modello: J 50
- ★ Funzionamento: ciclo Otto, miscela benzina-olio
- ★ Tempi . . . . n° 2
- ★ Cilindri . . . . n° 1
- ★ Diametro . . . . mm 38
- ★ Corsa . . . . mm 44
- ★ Cilindrata . . . . cm³ 49,8
  Rapporto di compressione . . 7,75
  Potenza fiscale . . . . Cv 1
- ★ Potenza max effettiva I.G.M. . { Cv 1,47 / a giri/min 4500

FRIZIONE a dischi multipli in bagno d'olio.
CAMBIO DI VELOCITA' E TRASMISSIONE:
N. 3 marce con comando a mano sulla manopola sinistra.
- ★ Trasmissione primaria: a catena
  Motore-cambio . . . . 11/47 = 1 : 4,27
  Cambio velocità: Prima . . . 9/58 = 1 : 6,44
  Seconda . . . 15/53 = 1 : 3,53
  Terza . . . . 20/46 = 1 : 2,30
- ★ Velocità massima calcolata a n° giri di massima potenza (rapporto totale motore ruota = 1 : 9,83) 34,5 km/h.
- ★ Ruota posteriore calettata sull'albero di uscita del cambio.

PRESTAZIONI { 1 km part. da fermo sec. 99,6 km/h 36,1
              1 km lanciato sec. 94 km/h 38,3
              Consumo (norme Cuna) litri/100 km 1,58

SERBATOIO: Capacità totale litri 6,2 di miscela al 2%
SILENZIATORE: (v. retro).

Notes on frame and engine numbers
50 DE LUXE

Initial numbering:
The numbering of the 50 DL started from around frame n. 470.000.
This numbering was applied to both the engine and the frame.

Frame/Engine number coincidence:
The coincidence between engine and frame numbers is very precise and progressive in the early period of production only. With the introduction of the 50 Special the two models were stamped with the same frame numbering and therefore there may be differences between the frame and engine number of over 10,000 units.

Position and type of numbering:
The stamping of the frame number is under the right-hand side panel, on the flat upper part of the frame, above the carburettor. The engine number is instead located on the front of the crankcase, partly concealed by the control cables. On the frame the prefix is "50DL", while on the engine it is "J50".

Frame n. and production n. relationship:
With the 50 DL, the sequence of frame numbers faithfully followed the monthly production numbers only during the early period of production in the early 1970s. Subsequently, with the introduction of the 50 Special, the numbering split and from then it is no longer possible to calculate a reliable build date.

Il numero di motore 481.360 indica che questo esemplare fa parte della prima produzione del 1968, e più precisamente di novembre..

The engine number 481.360 indicates that this example is part of the first batch produced in 1968, in November to be precise.

Numeri di produzione 50 Special
Production figures 50 Special

Mese	Month	produz. production	Totale Total
1970			
apr.	Apr.	963	963
mag.	May	1.341	2.304
giu.	June	1.460	3.764
lug.	July	1.796	5.560
ago.	Aug.	496	6.056
sett.	Sept.	1.701	7.757
ott.	Oct.	1.560	9.317
nov.	Nov.	1.036	10.353
dic.	Dec.	1.093	11.446
1971			
genn.	Jan.	1.049	12.495
febb.	Feb.	691	13.186
mar.	Mar.	1	13.187
apr.	Apr.	250	13.437
mag.	May	162	13.599
Totale produzione			**13.599**
Total production			**13.599**

Considerazione sui numeri di telaio e motore 50 SPECIAL

N. di partenza:
La numerazione della 50 Special parte da un numero specifico: 507001.
Questa numerazione è valida sia per il motore che per il telaio.

Coincidenza numeri Telaio/Motore:
Purtroppo, la numerazione unificata con la 50 DL fa si che la coincidenza telaio-motore non sia assolutamente precisa e stabile: si sono trovate differenze di 6.000/8.000 numeri oppure di sole poche centinaia.

Posizione e tipo di numerazione:
La punzonatura del numero di telaio è sotto il cofano destro, sulla parte superiore piana del telaio, sopra il carburatore. La posizione del numero di motore è nella parte anteriore del carter, seminascosta dai cavi di comando.
Sul telaio il prefisso è "50DL" mentre sul motore rimane "J50".
Attenzione: sul telaio non è mai esistito un prefisso "50S" ma solo ed esclusivamente "50DL".

Rapporto n. di telaio e n. di produzione:
Come detto poco sopra, la numerazione contemporanea dei due modelli 50 DL e 50 Special non consente di determinare con certezza il mese di produzione in base al numero di telaio.

Negli ultimissimi carter motore della 50 Special era stata modificata la fusione con un rinforzo supplementare. In alcuni casi è possibile trovare dei carter con gli attacchi per la marmitta del Lui 75. Un altro mistero di casa Innocenti.

On the final 60 Special crankcases, the casting was modified with a supplementary reinforcement. In some cases it is possible to find crankcases with mounts for the LUI 75 exhaust silencer. Another Innocenti mystery.

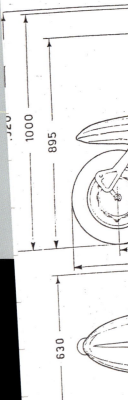

JUNIOR

struttive non essenziali.

'000, verranno introdotte le seguenti modifiche:

RETTA 50 SPECIAL

anzichè in plastica.

ma.

lietro alla sella.

tta con tappeto anzichè con listelli.

modanatura ed al fregio relativo.

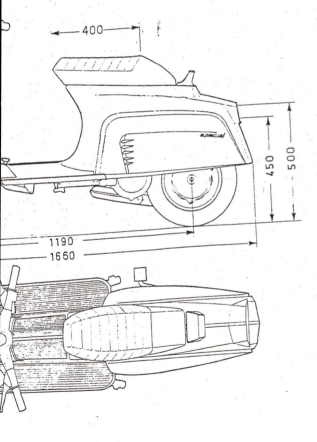

Notes on frame and engine numbers
50 SPECIAL

Initial numbering:
The exclusive numbering of the 50 Special started from 507001.
This numbering was applied to both the engine and the frame.

Frame/Engine number coincidence:
Unfortunately, the numbering shared with the 50 DL means that the frame-engine coincidence is by no means precise and stable: differences of 6,000/8,000 or just a few hundred units have been found.

Position and type of numbering:
The stamping of the frame number is under the right-hand side panel, on the flat upper part of the frame, above the carburettor. The engine number is instead located on the front of the crankcase, partly concealed by the control cables.
On the frame the prefix is "50DL", while on the engine it is "J50".
Attention: a "50S" frame prefix was never used, the only and exclusive prefix being "50DL".

Frame n. and production n. relationship:
As mentioned previously, the shared numbering of the 50 Dl and 50 Special models does not permit a reliable build month to be calculated on the basis of the frame numbers.

Dedico questo libro al mio caro amico Howard Chambers, grandissimo Lambrettista con una passione profonda e sincera. Purtroppo ci ha lasciato ma il suo ricordo rimarrà sempre nei nostri cuori.

I would like to dedicate this book to my dear friend Howard Chambers, a great Lambrettista with a deep and sincere passion. Sadly, he has left us but his memory will be in our hearts forever.

Finito di stampare/*Printed by*
D'Auria Printing (AP), Italy, Aprile/*April* 2023